IA

PARA TODOS

Aprende a Integrar la Inteligencia Artificial en tu Desempeño Profesional

Daniel Torrealba

"**IA PARA TODOS: Aprende a Integrar la Inteligencia Artificial en tu Desempeño Profesional**" *1.ª edición: febrero 2025.*

© 2025 | Daniel Torrealba (Reservado todos los derechos para la edición en audiolibro, e-books y papel)

Ningún fragmento de este texto puede ser reproducido, transmitido ni digitalizado sin la autorización expresa del autor. La distribución de este libro a través de Internet o de cualquier otra vía sin el permiso del autor es
ilegal y perseguible por la ley.

Bournemouth, Reino Unido.

Dedicatoria

*A **Lucas**, mi razón de ser, mi mayor regalo de la vida.*

Eres la luz que ilumina mis días, la fuerza que me impulsa a seguir adelante y el amor más puro que habita en mi corazón. En cada desafío, en cada logro y en cada nuevo camino que emprendo, estás presente como mi mayor inspiración.

Este libro es una parte de mi esfuerzo por construir un futuro mejor, y cada paso que doy está guiado por el deseo de dejarte un mundo lleno de oportunidades. Que siempre recuerdes que todo lo que hago, lo hago pensando en ti, en tu bienestar y en el inmenso amor que nos une.

Con todo mi amor, para ti, mi Lucas.

Agradecimientos

A mis padres, mi mayor guía y fortaleza.

Desde el inicio de mi vida, han sido mi refugio seguro, mis maestros inquebrantables y mi ejemplo más puro de amor incondicional. Gracias por enseñarme el valor del esfuerzo, la importancia de la perseverancia y la grandeza de nunca rendirse. Todo lo que soy y lo que he logrado es, en gran parte, gracias a ustedes.

También quiero agradecer a cada persona que, en algún momento de mi camino, me ha tendido la mano, creyó en mí y me impulsó a seguir adelante. Cada palabra de aliento, cada gesto de apoyo y cada enseñanza compartida han dejado una huella imborrable en mi vida.

Este libro es el reflejo de todo ese camino recorrido, de cada sacrificio y de cada sueño que sigue creciendo. A todos ustedes, con el corazón lleno de gratitud, les dedico este logro.

¡Gracias!

Prólogo

La inteligencia artificial ha dejado de ser una promesa del futuro para convertirse en una realidad tangible que transforma nuestro día a día. Durante mucho tiempo, el concepto de IA ha estado rodeado de mitos, dudas y, en algunos casos, hasta de temor. Sin embargo, gracias al trabajo de personas apasionadas como Daniel Torrealba, hoy tenemos la oportunidad de comprender esta tecnología de manera clara, accesible y, sobre todo, aplicable a nuestra vida profesional y empresarial.

Este libro, "**IA PARA TODOS: Aprende a Integrar la Inteligencia Artificial en tu Desempeño Profesional**", no solo ofrece información valiosa sobre los fundamentos y aplicaciones de la IA, sino que lo hace con un enfoque didáctico y práctico.

A lo largo de cada capítulo, Daniel nos guía a través de conceptos que pueden parecer complejos y los convierte en herramientas poderosas al alcance de cualquiera, sin importar su nivel de conocimiento tecnológico.

Este libro desmonta los mitos, aclara las dudas y demuestra que la IA no es un campo exclusivo para expertos, sino una oportunidad abierta a todos aquellos que quieran aprender y crecer en esta nueva era digital.

Agradezco profundamente la dedicación y el esfuerzo plasmados en este material. No solo es un recurso educativo excepcional, sino también una invitación a abrazar el cambio con confianza y visión. La IA ya no es el futuro; es el presente. Y quienes la adopten hoy, tendrán una ventaja significativa en el mundo de mañana. Te invito a sumergirte en este conocimiento, explorar sus posibilidades y, sobre *todo, a dar el primer paso hacia la integración de la IA en tu entorno laboral y profesional.*

El futuro no espera, y la mejor manera de afrontarlo es preparándonos desde ahora.

Carolina Dos Ramos.

Febrero de 2025.

Introducción

Vivimos en una era de transformación digital acelerada, donde la **inteligencia artificial (IA)** *está redefiniendo la manera en que trabajamos, innovamos y nos comunicamos. Desde la optimización de procesos empresariales hasta la automatización de tareas cotidianas, la IA ya no es solo una tendencia tecnológica; es una realidad presente en todas las industrias y sectores.*

El propósito de este libro es proporcionar a profesionales, emprendedores y empresas las herramientas y conocimientos necesarios para comprender, integrar y aprovechar la inteligencia artificial en su entorno laboral o de negocio, sin necesidad de contar con conocimientos técnicos avanzados.

A lo largo de este libro exploraremos desde los conceptos fundamentales hasta las aplicaciones más avanzadas de la IA, cubriendo aspectos clave como:

- *Fundamentos de la IA y Machine Learning*
- *Beneficios y casos de uso en distintos sectores*
- *Herramientas de IA accesibles y su aplicación práctica*
- *Identificación de procesos que pueden optimizarse con IA*
- *Estrategias para la integración de IA en empresas y profesiones*
- *Consideraciones éticas y legales*
- *Futuro de la IA y oportunidades emergentes*

La inteligencia artificial ya está cambiando industrias enteras y redefiniendo nuestra forma de interactuar con la tecnología. Desde los asistentes virtuales hasta los algoritmos que analizan grandes volúmenes de datos en segundos, la IA potencia la eficiencia, la creatividad y la toma de decisiones estratégicas.

En el ámbito empresarial, la IA permite automatizar tareas repetitivas, analizar tendencias de mercado con mayor precisión y ofrecer experiencias personalizadas a los clientes. En el sector de la salud, ayuda a diagnosticar enfermedades con mayor rapidez y precisión. En la educación, crea entornos de aprendizaje personalizados, y en la manufactura, optimiza la producción y reduce costos operativos.

Sin embargo, la adopción de la IA no es solo para grandes corporaciones o expertos en tecnología. Hoy en día, cualquier profesional o empresa, sin importar su tamaño o industria, puede beneficiarse de las soluciones de IA de bajo umbral técnico. La clave está en comprender su alcance, identificar oportunidades de aplicación y tomar acción para aprovechar su potencial.

Al finalizar este libro, los lectores no solo comprenderán el potencial de la IA, sino que también contarán con habilidades prácticas para aplicarla en su día a día, optimizando sus procesos, mejorando su productividad y generando valor en su entorno profesional.

La inteligencia artificial ya está aquí y está transformando el mundo en tiempo real. La diferencia entre quienes liderarán el futuro y quienes quedarán rezagados será su capacidad para adaptarse y aprender a integrar la IA en su trabajo y negocio.

No esperes a que la IA reemplace tu trabajo; aprende a utilizarla para potenciarlo. No veas la IA como una amenaza, sino como una aliada estratégica para tu crecimiento.

Aprovecha este libro para dar el primer paso y convertirte en un usuario activo de la IA. La decisión es tuya: **¿Serás un espectador o un protagonista en la revolución de la inteligencia artificial?**

Es momento de tomar acción. Comienza hoy a explorar las posibilidades y prepárate para un futuro donde la IA será parte esencial de cada proceso, cada negocio y cada innovación.

Daniel Torrealba, autor.

Índice

1 FUNDAMENTOS BÁSICOS DE LA INTELIGENCIA ARTIFICIAL (IA) — 15

- 1.1 ¿Qué es la Inteligencia Artificial (IA)? — 18
  - 1.1.1 Inteligencia Artificial General vs. Inteligencia Artificial Especifica — 20
  - 1.1.2 Introducción a los Pilares Fundamentales de la Inteligencia Artificial — 24
  - 1.1.3 Algoritmos: La Base de la Inteligencia Artificial — 24
  - 1.1.4 Aprendizaje Automático (Machine Learning): La Capacidad de Aprender — 26
  - 1.1.5 Datos: El Combustible de la Inteligencia Artificial — 33
  - 1.1.6 Conclusión: La Relación entre Algoritmos, Datos y Aprendizaje en la Inteligencia Artificial — 35

- 1.2 Conceptos básicos relacionados a la Inteligencia Artificial — 36
  - 1.2.1 Modelos de Inteligencia Artificial — 37
  - 1.2.2 Inteligencia Artificial Generativa — 44
  - 1.2.3 Inteligencia Artificial Responsable — 48
  - 1.2.4 Inteligencia Artificial Embebida en Robots — 52
  - 1.2.5 Inteligencia Artificial Explicable (XAI) — 56
  - 1.2.6 Inteligencia Artificial de Caja Negra — 61
  - 1.2.7 Redes Neuronales — 65
  - 1.2.8 Edge Computing — 70
  - 1.2.9 Cloud Computing — 73
  - 1.2.10 Big Data — 75
  - 1.2.11 Automatización Inteligente — 76
  - 1.2.12 Automatización Cognitiva — 78
  - 1.2.13 Diferencias clave entre Inteligencia Artificial, machine learning y deep learning. — 82
  - 1.2.14 Herramientas de Inteligencia Artificial Accesibles — 83

- 1.3 Diferencias entre Inteligencia Artificial, Automatización y Robótica — 85
  - 1.3.1 Inteligencia Artificial (IA): — 85
  - 1.3.2 Automatización: — 86
  - 1.3.3 Robótica: — 86

1.3.4 Tabla Comparativa: Inteligencia Artificial, Automatización y Robótica … 86
1.3.5 Relación entre Inteligencia Artificial, Automatización y Robótica … 87
1.3.6 Casos Comparativos … 88

1.4 ¿Por qué es importante la Inteligencia Artificial y su impacto en el mundo actual? … 88
1.4.1 Estadísticas y cifras globales. … 89
1.4.2 Transformaciones sociales, económicas y tecnológicas. … 91

1.5 Mitos y Realidades sobre la Inteligencia Artificial … 92

1.6 Ejemplos Prácticos de Transformación por la Inteligencia Artificial … 96
1.6.1 Impacto en la Salud … 96
1.6.2 Impacto en la Educación … 97
1.6.3 Impacto en el Comercio … 97
1.6.4 Impacto en el Marketing … 98
1.6.5 Impacto en la Manufactura … 98
1.6.6 Impacto en el Transporte y Logística … 99
1.6.7 Impacto en la Agricultura … 99
1.6.8 Impacto en el Sector Financiero … 100

1.7 Resumen de los fundamentos básicos de la Inteligencia Artificial … 101

2 BENEFICIOS DE LA INTELIGENCIA ARTIFICIAL EN LOS NEGOCIOS … 103

2.1 Optimización de Procesos Internos con Inteligencia Artificial … 107
2.1.1 ¿Cómo la Inteligencia Artificial Optimiza Procesos? … 107
2.1.2 Ejemplos Reales … 108
2.1.3 Resultados Tangibles … 109

2.2 Reducción de Costos y Aumento de la Eficiencia … 110
2.2.1 Impacto Económico … 111
2.2.2 Ejemplos Reales … 112
2.2.3 Resultados Tangible … 113

2.3 Mejoras en la Experiencia del Cliente — 114
- 2.3.1 ¿Cómo la Inteligencia Artificial Impacta al Cliente? — 114
- 2.3.2 Ejemplos Reales — 116
- 2.3.3 Resultados Tangibles — 117

2.4 Casos de Éxito de la Inteligencia Artificial en Diferentes Industrias — 118
- 2.4.1 Sector Salud — 118
- 2.4.2 Sector Educación — 120
- 2.4.3 Sector Comercio — 121
- 2.4.4 Sector Marketing — 122
- 2.4.5 Sector Manufactura — 123
- 2.4.6 Sector Transporte y Logística — 123
- 2.4.7 Sector Agricultura — 124
- 2.4.8 Sector Financiero — 125
- 2.4.9 Resultados Claves — 126

2.5 Resumen de los Beneficios de la Inteligencia Artificial en los Negocios — 127

3 HERRAMIENTAS DE INTELIGENCIA ARTIFICIAL DE BAJO UMBRAL TÉCNICO — 129

3.1 ¿Qué son las Herramientas de Inteligencia Artificial Accesibles? — 131
- 3.1.1 Ejemplos de Herramientas de Inteligencia Artificial Accesibles — 132
- 3.1.2 Casos de Uso Comunes — 132

3.2 ¿Cómo Elegir Herramientas Según las Necesidades del Negocio? — 134
- 3.2.1 Factores Clave para Elegir una Herramienta de Inteligencia Artificial — 135
- 3.2.2 Preguntas para Guiar la Elección de una Herramienta de Inteligencia Artificial — 138
- 3.2.3 Comparativa de Herramientas de Inteligencia Artificial — 141
- 3.2.4 Checklist para Elegir una Herramienta de Inteligencia Artificial — 143

3.3 Demostraciones Prácticas de Uso — 146
- 3.3.1 Creación y Optimización de Prompts — 146

3.3.2 Herramientas de Modelos Lingüísticos de Gran Escala (LLMs) 153
3.3.3 Herramientas de Análisis Predictivo 158
3.3.4 Herramientas de Gestión de Correos 164
3.3.5 Herramientas de Gestión de Proyectos 171
3.3.6 Herramientas de Diseño Gráfico y Creación de Imágenes 178
3.3.7 Herramientas de Automatización de Procesos 184

3.4 Resumen de las Herramientas de la Inteligencia Artificial de Bajo Umbral Técnico 190

4 IDENTIFICAR PROCESOS QUE PUEDEN SER OPTIMIZADOS CON INTELIGENCIA ARTIFICIAL 193

4.1 ¿Qué es el Mapeo de Procesos? 195
4.1.1 Beneficios del Mapeo de Procesos 195
4.1.2 Tipos de Mapas de Procesos 195
4.1.3 Símbolos de Asignación de Procesos 197
4.1.4 Componentes de un Mapa de Procesos 197
4.1.5 Cómo Crear un Mapa de Procesos 198
4.1.6 ¿Por qué es Importante el Mapeo de Procesos? 199
4.1.7 Ejemplo Práctico de Mapeo de Procesos 199

4.2 Identificar Cuellos de Botella y Áreas de Mejora 200
4.2.1 Cuellos de Botella 201
4.2.2 Áreas de Mejora 201
4.2.3 Ejemplo Práctico de Identificación de Cuellos de Botella 202

4.3 Ejemplos Prácticos de Mapeo de Procesos, Cuellos de Botella y Áreas de Mejora 203

4.4 Ejercicios Prácticos para Aplicar el Análisis en la Empresa 206

4.5 Resumen de Cómo Identificar Procesos que Pueden Ser Optimizados con Inteligencia Artificial 208

5   INTEGRACIÓN DE LA INTELIGENCIA ARTIFICIAL EN EL NEGOCIO   211

5.1   Cómo Planificar una Implementación con Inteligencia Artificial Paso a Paso   214

5.2   Estrategias para Evitar Resistencias al Cambio en el Equipo   216

5.3   Evaluar el Impacto de la Inteligencia Artificial y Medir su Efectividad en el Negocio   218

5.4   Estrategias Avanzadas para Escalar el Uso de la Inteligencia Artificial en la Organización y Garantizar su Alineación con los Objetivos Empresariales a Largo Plazo   220

5.5   Casos de Éxito de Empresas que Han Logrado Escalar su Uso de la Inteligencia Artificial y Lecciones Aprendidas   222

5.6   Desafíos Más Comunes al Implementar la Inteligencia Artificial en las Empresas y Cómo Superarlos   225

5.7   Ejercicio: Crear un Plan de Acción Inicial   228

5.8   Resumen de la Integración de la Inteligencia Artificial en el Negocio   229

6   CONSIDERACIONES ÉTICAS Y LEGALES   231

6.1   Privacidad y Protección de Datos   234

6.2   Toma de Decisiones Responsable   236

6.3   La Ética de la Inteligencia Artificial en el Lugar de Trabajo   238

6.4   Resumen de las Consideraciones Éticas y Legales   239

7   FUTURO DE LA INTELIGENCIA ARTIFICIAL Y OPORTUNIDADES   243

7.1   Qué Esperar en los Próximos 5-10 Años en Términos de la
Inteligencia Artificial   246

7.2   Tendencias Emergentes y Cómo Estar Preparado   248

7.3   Herramientas Avanzadas que Podrían Ser Útiles en el
Futuro Cercano   250

7.4   Resumen del Futuro de la Inteligencia Artificial y
Oportunidades   251

8   EPÍLOGO   253

9   IMPULSANDO EL CAMBIO CON IA: CONOCE AL AUTOR
       259

CAPÍTULO I

FUNDAMENTOS BÁSICOS DE LA INTELIGENCIA ARTIFICIAL

Capítulo I
Fundamentos Básicos de la Inteligencia Artificial (IA)

La inteligencia artificial *ha dejado de ser una tecnología del futuro para convertirse en un pilar fundamental de nuestra sociedad. Su impacto se extiende a múltiples ámbitos, desde la automatización de tareas repetitivas hasta la toma de decisiones estratégicas en sectores clave como la salud, la educación y la economía. Gracias a la IA, hoy es posible diagnosticar enfermedades con mayor precisión, optimizar cadenas de suministro a nivel global y personalizar la experiencia de los consumidores en el comercio digital. Su capacidad para procesar grandes volúmenes de datos en tiempo real está revolucionando la forma en que interactuamos con la tecnología y tomamos decisiones informadas.*

Sin embargo, su implementación no está exenta de desafíos. La creciente dependencia de la IA plantea interrogantes sobre la ética, la privacidad y la equidad en su uso. La automatización de procesos, aunque beneficiosa en términos de eficiencia, también genera preocupación sobre el impacto en el empleo y la necesidad de reentrenamiento profesional. Asimismo, la transparencia en los algoritmos y la mitigación de sesgos en los modelos de IA se han convertido en temas críticos para garantizar su uso responsable. Es esencial que gobiernos, empresas y ciudadanos trabajen en conjunto para establecer regulaciones y principios que fomenten una inteligencia artificial ética y accesible para todos.

A pesar de estos desafíos, el futuro de la IA es prometedor. Si se implementa correctamente, esta tecnología tiene el potencial de mejorar la calidad de vida de millones de personas, optimizar recursos y potenciar la innovación en prácticamente todas las industrias. La clave para aprovechar su impacto positivo radica en una adopción estratégica y consciente, donde el ser humano siga siendo el eje central del desarrollo tecnológico. Estamos ante una revolución que no solo transformará la manera en que trabajamos y vivimos, sino que también definirá el futuro de nuestra sociedad en los próximos años.

Este capítulo inicial del libro está diseñado para establecer los fundamentos básicos sobre la inteligencia artificial (IA). Se abordarán conceptos clave, como su definición, cómo funciona y por qué es relevante en el mundo actual. También se analizarán los mitos más comunes que generan confusión sobre la IA, contrastándolos con realidades respaldadas por ejemplos concretos.

1.1 ¿Qué es la Inteligencia Artificial (IA)?

La **Inteligencia Artificial (IA)** *es un campo multidisciplinario de la informática que se centra en el desarrollo de sistemas capaces de realizar tareas que tradicionalmente requieren inteligencia humana. Estas tareas incluyen el reconocimiento de patrones, el procesamiento del lenguaje natural, la toma de decisiones, la resolución de problemas y la capacidad de aprender de la experiencia.*

La IA se basa en algoritmos, modelos matemáticos y grandes volúmenes de datos para simular capacidades cognitivas humanas. Utiliza diversas técnicas como el Machine Learning (Aprendizaje Automático), que permite a los sistemas mejorar su rendimiento con la experiencia; el Deep Learning (Aprendizaje Profundo), basado en redes neuronales artificiales para la interpretación avanzada de datos; y la IA simbólica, que emplea reglas lógicas y bases de conocimiento estructuradas para la toma de decisiones.

Existen dos categorías principales de IA:

- **IA Débil o Específica:** *Diseñada para realizar tareas concretas, como asistentes virtuales, chatbots, motores de recomendación o sistemas de diagnóstico médico.*
- **IA Fuerte o General:** *Un concepto aún en desarrollo, que busca crear sistemas con capacidades cognitivas similares a las*

humanas, con autonomía y razonamiento en múltiples áreas sin intervención humana.

La inteligencia artificial se sustenta en el procesamiento de grandes volúmenes de datos (Big Data), el uso de infraestructuras en la nube (Cloud Computing) y modelos de aprendizaje automatizados que permiten la toma de decisiones predictivas. Su integración en diversas industrias ha revolucionado sectores como la salud, la educación, el comercio, la manufactura y la ciberseguridad.

Si bien la IA ofrece oportunidades innovadoras, su implementación conlleva desafíos éticos y sociales, como el sesgo algorítmico, la privacidad de los datos y la automatización del trabajo. Por ello, es fundamental desarrollar IA de manera responsable, asegurando transparencia, equidad y alineación con principios éticos y legales.

En conclusión, la IA no es simplemente una tecnología emergente, sino una revolución en la forma en que interactuamos con la información y tomamos decisiones. Su evolución seguirá transformando la sociedad, creando nuevas oportunidades y redefiniendo el futuro del trabajo y la innovación.

Imagen 1.1: *Imagen creada por IA para representar la IA en un entorno laboral*

1.1.1 Inteligencia Artificial General vs. Inteligencia Artificial Especifica

La inteligencia artificial (IA) se puede clasificar en dos grandes categorías: **Inteligencia Artificial General (Artificial General Intelligence, AGI, por sus siglas en inglés)** *e* **Inteligencia Artificial Específica (ANI, Artificial Narrow Intelligence).** *Estas dos variantes definen el alcance, la capacidad y la aplicación de los sistemas de IA en función de sus habilidades para realizar tareas cognitivas humanas.*

1.1.1.1 La Inteligencia Artificial Específica (ANI)

La IA Específica, también conocida como IA Débil, se refiere a sistemas diseñados para realizar tareas concretas con un alto grado de precisión y eficiencia. Estos sistemas están programados para operar dentro de un dominio limitado y no poseen la capacidad de transferir conocimiento o razonar más allá de las funciones para las que fueron entrenados.

ANI se basa en algoritmos de Machine Learning, Deep Learning y Procesamiento del Lenguaje Natural (NLP) para llevar a cabo actividades específicas como reconocimiento de imágenes, asistencia virtual, análisis de datos o generación de contenido.

Algunos ejemplos de IA Específica son:

- **Asistentes virtuales:** *Alexa, Siri y Google Assistant pueden responder preguntas y ejecutar comandos, pero no pueden razonar o aprender más allá de sus bases de datos y programación.*
- **Motores de recomendación:** *Plataformas como Netflix, YouTube y Spotify analizan patrones de consumo para recomendar contenido basado en preferencias anteriores.*
- **Vehículos autónomos:** *Los sistemas de conducción autónoma como los de Tesla utilizan sensores y algoritmos de IA para tomar decisiones en tiempo real sobre la carretera.*

- **Diagnóstico médico con IA:** *Algoritmos como IBM Watson Health analizan imágenes médicas y datos clínicos para ayudar en la detección de enfermedades.*
- **Chatbots y herramientas de automatización:** *ChatGPT y otros chatbots basados en modelos de lenguaje procesan consultas en tiempo real, pero no pueden salir de su contexto predefinido sin reentrenamiento.*

Entre algunas características claves de la inteligencia artificial específica tenemos:

- *Enfocada en tareas específicas.*
- *No puede razonar ni transferir conocimientos a otros dominios.*
- *Basada en datos y entrenamiento previo.*
- *Limitada por su programación y entrenamiento inicial.*

Imagen 1.2: *Imagen creada por IA para la Inteligencia Artificial Específica (ANI)*

1.1.1.2 Inteligencia Artificial General (AGI)

La IA General, también conocida como IA Fuerte, se refiere a sistemas capaces de razonar, aprender y adaptarse en múltiples dominios sin intervención humana. Una AGI tendría la capacidad de realizar tareas cognitivas de forma similar o superior a los humanos, comprendiendo conceptos abstractos, resolviendo problemas complejos, aplicando conocimiento en diferentes situaciones y desarrollando una conciencia propia sobre el entorno.

Actualmente, la AGI es un concepto teórico y aún no se ha logrado desarrollar completamente. Investigadores en IA trabajan en la creación de modelos que puedan autogenerar conocimiento, razonar lógicamente y aprender de la experiencia sin depender de conjuntos de datos predefinidos.

Algunos ejemplos de IA General son (Teóricos o en Desarrollo):

- **Sistemas de IA con razonamiento abstracto:** *Un modelo AGI podría entender y generar conocimiento en múltiples disciplinas, como lo haría un humano altamente capacitado.*
- **Robots con autonomía plena:** *En ciencia ficción, AGI se representa con robots como "Data" en Star Trek o "Ava" en Ex Machina, que pueden aprender, razonar y tomar decisiones complejas de manera autónoma.*
- **IA capaz de aprender sin entrenamiento supervisado:** *Una AGI podría analizar información en tiempo real y desarrollar soluciones sin depender de datos previos, similar a como los humanos aprenden nuevas habilidades.*

Entre algunas características claves de la inteligencia artificial general tenemos:

- *Puede realizar tareas en múltiples dominios.*
- *Aprende de la experiencia y se adapta a nuevas situaciones sin entrenamiento específico.*
- *Tiene habilidades de razonamiento y resolución de problemas.*
- *Puede mejorar su propio conocimiento sin intervención humana.*

1.1.1.3 Comparación entre la Inteligencia Artificial General y la Inteligencia Artificial Especifica

Característica	Inteligencia Artificial Específica (ANI)	Inteligencia Artificial General (AGI)
Capacidad de Aprendizaje	Aprende dentro de un dominio específico.	Aprende de manera autónoma en múltiples dominios.
Flexibilidad	Limitada a la tarea para la que fue entrenada.	Puede adaptarse y aplicar conocimientos a distintas áreas.
Ejemplos en la Actualidad	ChatGPT, Siri, Netflix, Tesla Autopilot.	No existe aún; es un objetivo futuro de la IA.
Capacidad de Razonamiento	No puede razonar fuera de su programación.	Puede desarrollar pensamiento lógico y resolución de problemas.
Independencia Cognitiva	Depende de datos entrenados y reglas predefinidas.	Puede generar nuevos conocimientos sin depender de datos previos.
Nivel de Desarrollo	Totalmente funcional y aplicado en múltiples sectores.	En investigación y desarrollo; aún no existe plenamente.

Tabla 1.1: *Comparación entre Inteligencia Específica (ANI) e Inteligencia Artificial General (AGI).*

Actualmente, la IA Específica domina el mercado y es la base de la mayoría de los sistemas de inteligencia artificial que utilizamos en nuestra vida cotidiana. En contraste, la IA General representa el futuro de la inteligencia artificial, con la posibilidad de alcanzar capacidades cognitivas similares a las humanas, lo que podría transformar radicalmente la sociedad, la economía y la forma en que interactuamos con la tecnología.

Imagen 1.3: *Imagen creada por IA para la Inteligencia Artificial General (AGI)*

El desafío de la IA General radica en su desarrollo seguro y ético, garantizando que las decisiones de los sistemas de inteligencia artificial sean transparentes, imparciales y alineadas con valores humanos. A medida que avanzamos hacia un futuro impulsado por la IA, es fundamental comprender las diferencias entre estos dos enfoques y aprovechar el potencial de la IA específica mientras trabajamos en los avances que nos llevarán a una inteligencia artificial más autónoma y versátil.

El futuro de la IA aún está en construcción, pero su impacto ya es una realidad en el mundo empresarial y tecnológico. ¡Es momento de aprender y adaptarse!

1.1.2 Introducción a los Pilares Fundamentales de la Inteligencia Artificial

La Inteligencia Artificial (IA) es un campo multidisciplinario que abarca diversas áreas de conocimiento y tecnologías para simular la inteligencia humana en máquinas. Para comprender el funcionamiento de la IA, es fundamental conocer sus tres pilares esenciales: **los algoritmos, el aprendizaje automático (Machine Learning) y los datos**. *Estos tres elementos trabajan en conjunto para permitir que los sistemas de IA procesen información, aprendan de la experiencia y tomen decisiones de manera eficiente.*

Cada uno de estos pilares desempeña un papel clave en el desarrollo de aplicaciones inteligentes, desde asistentes virtuales y motores de recomendación hasta vehículos autónomos y modelos de análisis predictivo. A continuación, exploraremos cada uno de estos conceptos en profundidad.

1.1.3 Algoritmos: La Base de la Inteligencia Artificial

Los algoritmos son el conjunto de instrucciones que permiten a una IA procesar datos, aprender de ellos y generar predicciones o tomar decisiones. Son la base del aprendizaje automático y determinan la capacidad de los modelos de IA para resolver problemas específicos.

Imagen 1.4: *Imagen creada por IA para representar los algoritmos.*

1.1.3.1 Tipos de Algoritmos en Inteligencia Artificial

Algoritmos de Aprendizaje Supervisado

- *Se entrenan con datos etiquetados (entrada y salida conocidas).*
- *Utilizados en problemas de clasificación y regresión.*
- **Ejemplo:** *Predicción de ventas basada en datos históricos.*

Algoritmos de Aprendizaje No Supervisado

- *Se entrenan con datos sin etiquetas, identificando patrones ocultos.*
- *Utilizados en clustering y detección de anomalías.*
- **Ejemplo:** *Segmentación de clientes en grupos de compra similares.*

Algoritmos de Aprendizaje por Refuerzo

- *Basados en la interacción con un entorno donde el modelo aprende por prueba y error.*
- *Utilizados en IA para juegos, rob$\sqrt{}\geq$tica y automatización de decisiones.*
- **Ejemplo:** *Un robot que aprende a caminar optimizando sus movimientos.*

Algoritmos de Aprendizaje Profundo (Deep Learning)

- *Utilizan redes neuronales artificiales para procesar grandes volúmenes de datos.*
- *Utilizados en visión por computadora, procesamiento de lenguaje natural y generación de contenido.*
- *Ejemplo: Reconocimiento facial en dispositivos móviles.*

1.1.3.2 Ejemplos de Algoritmos Mas Utilizados

- **Regresión Lineal y Logística:** *Para predecir valores continuos o clasificar datos en categorías.*
- **Arboles de Decisión y Random Forest:** *Modelos que dividen datos en ramas para tomar decisiones.*
- **Redes Neuronales Artificiales (ANN):** *Sistemas inspirados en el cerebro humano que permiten reconocer patrones complejos.*
- **Support Vector Machines (SVM):** *Algoritmo eficiente para clasificación de datos.*
- **K-Means Clustering:** *Algoritmo de agrupamiento usado en análisis de datos.*
- **Gradient Boosting (XGBoost, LightGBM):** *Modelos avanzados para mejorar la precisión de predicciones.*

1.1.4 Aprendizaje Automático (Machine Learning): La Capacidad de Aprender

El aprendizaje automático, *conocido como Machine Learning (ML), es un subcampo de la inteligencia artificial que permite a las máquinas aprender y mejorar automáticamente a partir de datos, sin necesidad de ser programadas de forma explícita para cada tarea. Las máquinas analizan grandes volúmenes de datos para identificar patrones y realizar predicciones o decisiones basadas en esos datos. El aprendizaje ocurre cuando el modelo mejora su precisión o desempeño con la experiencia acumulada.*

Imagen 1.5: *Imagen creada por IA para representar el aprendizaje automático.*

Esta tecnología ha revolucionado la manera en que las empresas y organizaciones toman decisiones, resuelven problemas complejos y optimizan sus procesos.

Un ejemplo básico es un sistema de correos electrónicos que clasifica mensajes como "spam" o "no spam" basándose en palabras clave y comportamientos previos del usuario.

1.1.4.1 Tipos de Machine Learning

El aprendizaje automático se clasifica en tres tipos principales, dependiendo de cómo se entrenan los modelos y el tipo de datos que utilizan:

Aprendizaje Supervisado:

- **Definición:** *El modelo se entrena utilizando datos etiquetados, donde cada entrada tiene una salida conocida. Este enfoque enseña al modelo a asociar entradas con las salidas correctas.*
- **Ejemplo:** *Un sistema que predice el precio de una vivienda basado en características como tamaño, ubicación y número de habitaciones.*
- **Usos comunes:** *Clasificación (e.g., detección de fraudes) y regresión (e.g., predicción de ventas).*

Aprendizaje No Supervisado:

- **Definición:** *El modelo trabaja con datos no etiquetados para identificar patrones ocultos o agrupaciones dentro de los datos.*
- **Ejemplo:** *Segmentación de clientes en un supermercado según sus hábitos de compra.*
- **Usos comunes:** *Análisis de agrupamiento (clustering), reducción de dimensionalidad.*

Aprendizaje por Refuerzo:

- **Definición:** *El modelo aprende mediante prueba y error, recibiendo recompensas o penalizaciones según las acciones realizadas.*
- **Ejemplo:** *Un robot que aprende a caminar optimizando sus movimientos para evitar caídas.*
- **Usos comunes:** *Sistemas de recomendación, videojuegos, conducción autónoma.*

1.1.4.2 Aprendizaje Profundo (Deep Learning)

El aprendizaje profundo es una rama del aprendizaje automático que utiliza redes neuronales artificiales con múltiples capas para procesar grandes volúmenes de datos y extraer patrones complejos. Este enfoque ha revolucionado áreas como el reconocimiento de imágenes, la traducción automática y el procesamiento del lenguaje natural.

Tipos de Redes Neuronales:

- **Redes Convolucionales (CNN):** *Ideales para análisis de imágenes y videos.*
- **Redes Recurrentes (RNN):** *Diseñadas para datos secuenciales, como texto o series temporales.*

Ejemplo: Los sistemas de reconocimiento facial que detectan rostros en fotografías o videos.

1.1.4.3 Cómo Funciona el Ciclo de Aprendizaje

El ciclo de aprendizaje automático consta de varias etapas clave que aseguran que el modelo sea capaz de generar predicciones útiles y precisas:

1. **Recopilación de Datos:**

- *El proceso comienza con la recolección de datos relevantes. Estos datos pueden provenir de bases de datos, sensores, encuestas o registros históricos.*
- **Ejemplo:** *Una empresa recolecta datos de ventas diarias y características de sus clientes.*

2. **Preparación de los Datos:**

- *Antes de entrenar un modelo, los datos deben ser limpiados, organizados y normalizados para eliminar errores o inconsistencias.*
- **Ejemplo:** *Rellenar valores faltantes o eliminar datos duplicados.*

3. **Selección del Modelo:**

- *Se elige el algoritmo adecuado dependiendo del problema a resolver (clasificación, regresión, agrupamiento, etc.).*
- **Ejemplo:** *Usar una regresión logística para clasificar correos electrónicos como "spam" o "no spam".*

4. **Entrenamiento del Modelo:**

- *Los datos preparados se dividen en conjuntos de entrenamiento y prueba. El modelo se entrena con el conjunto de entrenamiento, ajustando sus parámetros para minimizar errores.*
- **Ejemplo:** *Un modelo aprende a predecir el precio de una vivienda basándose en datos históricos.*

5. **Evaluación del Modelo:**

- *El conjunto de prueba se utiliza para evaluar la precisión del modelo y su capacidad para generalizar con datos nuevos.*
- **Ejemplo:** *Verificar si el modelo predice correctamente el precio de viviendas que no estaban en los datos de entrenamiento.*

   6. **Optimización y Ajuste:**

- *Basado en los resultados de la evaluación, el modelo puede ajustarse para mejorar su desempeño. Esto incluye cambiar hiperparámetros o usar más datos.*
- **Ejemplo:** *Ajustar la tasa de aprendizaje del modelo para acelerar el entrenamiento.*

Implementación y Monitoreo:

- *Una vez entrenado, el modelo se implementa en el entorno real para realizar predicciones o automatizar procesos. Su desempeño debe ser monitoreado regularmente para mantener su efectividad.*
- **Ejemplo:** *Implementar un modelo en una tienda en línea para sugerir productos personalizados a los clientes.*

1.1.4.4 Ejemplo Práctico del Ciclo de Aprendizaje

Predicción de Ventas en una Tienda Minorista:

1. **Problema:** *Una tienda quiere predecir las ventas diarias para optimizar el inventario y minimizar costos.*
2. **Datos Recopilados:** *Fechas, ventas diarias, condiciones climáticas, promociones y días festivos.*
3. **Modelo Seleccionado:** *Un modelo de aprendizaje supervisado, como una regresión lineal.*
4. **Entrenamiento del Modelo:** *Los datos históricos de ventas se utilizan para entrenar el modelo.*
5. **Predicción:** *El modelo predice las ventas futuras basándose en factores como el clima y las promociones planificadas.*

6. **Beneficio:** *La tienda puede ajustar sus pedidos de inventario y planificar promociones de manera más eficiente, reduciendo costos y maximizando ganancias.*

1.1.4.5 Aprendizaje Federado

El **Aprendizaje Federado (Federated Learning, FL)** *es una técnica de entrenamiento de modelos de inteligencia artificial que permite procesar y aprender a partir de datos distribuidos sin necesidad de centralizarlos en un solo servidor. En lugar de enviar los datos a la nube o a un centro de procesamiento central, el modelo de IA se entrena directamente en los dispositivos locales y solo los resultados del aprendizaje (pesos del modelo) se comparten con el servidor central.*

Este enfoque mejora significativamente la privacidad, la seguridad de los datos y la eficiencia en el procesamiento, ya que los datos permanecen en sus ubicaciones de origen y solo se intercambia la información necesaria para mejorar el modelo.

Características Clave del Aprendizaje Federado

- **Privacidad y Seguridad:** *Los datos sensibles nunca salen de los dispositivos locales, reduciendo riesgos de filtraciones o ataques cibernéticos.*
- **Entrenamiento Descentralizado:** *En lugar de usar una gran base de datos central, cada dispositivo entrena un modelo con sus propios datos y luego comparte los parámetros del modelo con un servidor central.*
- **Optimización del Ancho de Banda:** *Se transmiten únicamente actualizaciones del modelo en lugar de grandes volúmenes de datos, reduciendo el uso de la red y acelerando el entrenamiento.*
- **Adaptabilidad en Tiempo Real:** *Permite que los modelos de IA aprendan continuamente a partir de nuevos datos generados en dispositivos locales, manteniéndose actualizados sin una constante dependencia de la nube.*

- **Uso en Dispositivos de Bajo Consumo:** *Ideal para teléfonos móviles, dispositivos IoT y wearables, donde la capacidad de procesamiento es limitada.*

¿Cómo Funciona el Aprendizaje Federado?

- **Entrenamiento en Dispositivos Locales:** *Cada dispositivo entrena un modelo con sus datos locales.*
- **Envío de Parámetros al Servidor Central:** *En lugar de enviar datos crudos, los dispositivos comparten solo los pesos actualizados del modelo con un servidor central.*
- **Agregación de Modelos:** *El servidor combina todas las actualizaciones de los dispositivos para mejorar un modelo global sin haber accedido a los datos originales.*
- **Distribución del Modelo Actualizado:** *El modelo mejorado se envía de vuelta a los dispositivos para continuar aprendiendo y mejorando con nuevas iteraciones.*

Ejemplos de Aplicaciones del Aprendizaje Federado

- **Dispositivos Móviles y Asistentes Inteligentes:** *Google utiliza Aprendizaje Federado en Gboard (su teclado para Android e iOS) para mejorar las predicciones de texto sin que los datos de escritura de los usuarios se envíen a la nube.*
- **Sanidad y Diagnóstico Médico:** *Instituciones médicas pueden entrenar modelos de IA en datos clínicos locales sin comprometer la privacidad de los pacientes. Ejemplo: Un hospital en Europa puede compartir conocimientos con otro en EE.UU. sin exponer registros médicos sensibles.*
- **Finanzas y Banca:** *Los bancos utilizan Aprendizaje Federado para detectar fraudes en transacciones sin compartir información financiera confidencial con otros bancos o entidades.*
- **Vehículos Autónomos:** *Los autos inteligentes pueden aprender de la experiencia de conducción sin necesidad de compartir datos en bruto con servidores centrales, protegiendo la privacidad del usuario.*

- **IoT y Ciudades Inteligentes:** *Sensores distribuidos en una ciudad pueden optimizar el tráfico y la iluminación pública sin necesidad de enviar grandes volúmenes de datos a servidores externos.*

Ventajas del Aprendizaje Federado frente al Aprendizaje Tradicional

Aspecto	Aprendizaje Federado	Aprendizaje Tradicional
Privacidad	Los datos permanecen en el dispositivo.	Los datos se centralizan en un servidor.
Consumo de Ancho de Banda	Bajo (se envían solo parámetros del modelo).	Alto (se envían grandes volúmenes de datos).
Seguridad	Menos vulnerable a filtraciones de datos.	Riesgo mayor al centralizar información.
Eficiencia Computacional	Reduce la carga en servidores centrales.	Procesamiento intensivo en la nube.

Tabla 1.2: *Comparación entre Aprendizaje Federado y Aprendizaje Tradicional.*

El Aprendizaje Federado representa una evolución significativa en la forma en que la IA aprende y se implementa en entornos reales. Al combinar privacidad, eficiencia y descentralización, permite que sectores clave como la salud, la banca y la movilidad adopten modelos de IA sin comprometer la seguridad de los datos.

A medida que la IA se vuelve más omnipresente, el Aprendizaje Federado será fundamental para garantizar que el acceso a tecnología avanzada no dependa únicamente de infraestructuras centralizadas, sino que se distribuya de manera equitativa y segura en todo el mundo.

1.1.5 Datos: El Combustible de la Inteligencia Artificial

La inteligencia artificial depende fundamentalmente de **los datos** *para su correcto funcionamiento. Los algoritmos de IA aprenden a partir de grandes volúmenes de información, permitiendo identificar patrones, realizar predicciones y tomar decisiones automatizadas. Sin* *datos de calidad, incluso los modelos de IA más avanzados pueden generar resultados imprecisos o sesgados.*

Imagen 1.6: *Imagen creada por IA para representar los datos.*

1.1.5.1 Importancia de los Datos en el Desarrollo de Inteligencia Artificial

- **Los datos son el combustible de la inteligencia artificial:** *Los modelos de IA, especialmente los basados en aprendizaje automático, requieren grandes cantidades de datos para entrenarse y mejorar su precisión. Cuantos más datos relevantes y bien estructurados tengan un modelo, mejor será su rendimiento y capacidad para hacer predicciones.*
- **Calidad sobre cantidad:** *No solo se necesita un alto volumen de datos, sino también datos limpios, representativos y sin sesgos. Datos incorrectos o incompletos pueden hacer que la IA tome decisiones erróneas o poco confiables.*
- **Los datos deben ser accesibles y procesables:** *Para que la IA pueda utilizarlos eficazmente, los datos deben estar organizados en formatos adecuados y accesibles a través de sistemas de gestión que permitan su procesamiento en tiempo real o en lotes.*
- **Privacidad y seguridad:** *El uso de datos en la IA debe cumplir con regulaciones como el GDPR en Europa o la CCPA en EE. UU. para garantizar la protección de la información de los usuarios y evitar mal uso de los datos personales.*

1.1.5.2 Tipos de Datos y su Diferencia

Los datos utilizados en IA pueden clasificarse en dos grandes categorías:

Datos estructurados

- *Se almacenan en bases de datos organizadas con filas y columnas.*
- *Son fáciles de procesar y analizar mediante SQL y otros sistemas de gestión de bases de datos.*
- **Ejemplo:** *Registros de clientes, transacciones bancarias, inventarios de productos.*

Datos no estructurados

- *No siguen un formato especifico, lo que los hace más complejos de analizar.*
- *Incluyen textos, imágenes, videos, audios y otros formatos de datos que requieren técnicas avanzadas como el procesamiento del lenguaje natural (NLP) o la visión por computadora.*
- **Ejemplo:** *Publicaciones en redes sociales, correos electrónicos, grabaciones de llamadas, imágenes médicas.*

La mayoría de los datos generados en la actualidad son no estructurados (80-90%), lo que ha impulsado el desarrollo de IA avanzadas capaces de analizarlos eficientemente.

1.1.6 Conclusión: La Relación entre Algoritmos, Datos y Aprendizaje en la Inteligencia Artificial

La inteligencia artificial es un ecosistema compuesto por tres elementos esenciales: datos, algoritmos y aprendizaje. Estos componentes trabajan en conjunto para permitir que los sistemas de IA procesen información, identifiquen patrones y realicen predicciones que optimicen la toma de decisiones en distintos sectores.

- **Los datos son la base sobre la cual se construye la IA.** *Sin información de calidad, los modelos no pueden aprender con precisión ni tomar decisiones acertadas. La diferencia entre datos estructurados y no estructurados influye directamente en la complejidad del procesamiento y en el tipo de técnicas utilizadas para su análisis. La cantidad, diversidad y limpieza de los datos determinan la efectividad de los modelos de IA.*
- **Los algoritmos son el motor de la inteligencia artificial.** *Son las fórmulas matemáticas y computacionales que transforman los datos en conocimiento. Dependiendo de su enfoque, pueden ser supervisados, no supervisados o de refuerzo, y cada uno de ellos es adecuado para diferentes tipos de problemas. Desde modelos simples como la regresión hasta redes neuronales profundas, los algoritmos permiten que la IA aprenda, clasifique información y prediga tendencias.*
- **El aprendizaje es el resultado de la interacción entre datos y algoritmos.** *Cuando un modelo de IA recibe datos y los procesa con un algoritmo, ajusta su conocimiento para mejorar con el tiempo. Este aprendizaje puede ser automático o reforzado a través de pruebas y errores, como sucede con la IA en robótica, sistemas de recomendación y asistentes virtuales.*

En conclusión, sin datos no hay IA, sin algoritmos no hay procesamiento y sin aprendizaje no hay mejora ni evolución. La sinergia entre estos tres elementos es lo que hace posible que la inteligencia artificial transforme industrias y revolucione la manera en que trabajamos y tomamos decisiones. Comprender esta interconexión es clave para aprovechar al máximo el potencial de la IA en cualquier negocio o ámbito profesional.

1.2 Conceptos básicos relacionados a la Inteligencia Artificial

La Inteligencia Artificial (IA) es un campo vasto y en constante evolución que abarca múltiples disciplinas y tecnologías. Comprender sus conceptos fundamentales es esencial para aprovechar todo su potencial en el ámbito empresarial y profesional. En esta sección, exploraremos algunos conceptos como los modelos de IA, redes neuronales, aprendizaje automático, procesamiento del lenguaje natural (NLP), visión por computadora, análisis predictivo, entre otros.

Cada uno de estos conceptos juega un papel crucial en la forma en que la IA procesa la información, aprende de los datos y toma decisiones autónomas. Desde sistemas capaces de generar contenido innovador hasta algoritmos que optimizan procesos empresariales, la IA está transformando industrias y redefiniendo la manera en que trabajamos e interactuamos con la tecnología.

A lo largo de esta sección, desmitificaremos términos esenciales, explicaremos su funcionamiento con ejemplos prácticos y mostraremos cómo estas tecnologías pueden integrarse en diversas áreas. Con una comprensión clara de estos fundamentos, estarás mejor preparado para adoptar la IA en tu entorno laboral y aprovechar sus innumerables beneficios.

1.2.1 Modelos de Inteligencia Artificial

*Los **modelos de Inteligencia Artificial** son sistemas diseñados para procesar datos y realizar tareas específicas mediante el uso de algoritmos y aprendizaje automático. Dependiendo de su propósito y arquitectura, los modelos de IA pueden clasificarse en diferentes categorías.*

Detección de fraudes, predicción de ventas y optimización de cadenas de suministro.

1.2.1.1 Ejemplos de Aplicaciones de los Modelos de Inteligencia Artificial

A continuación, te menciono algunos ejemplos destacados en cada tipo:

1. **Modelos de Procesamiento del Lenguaje Natural (NLP)**: *Estos modelos están diseñados para comprender, interpretar y generar lenguaje humano en texto o voz.*

   - **GPT-4 (Generative Pre-trained Transformer 4):** *Modelo desarrollado por OpenAI, especializado en generación de texto, traducción, respuesta a preguntas y chatbots conversacionales.*
   - **BERT (Bidirectional Encoder Representations from Transformers):** *Creado por Google, mejora la comprensión del contexto en las búsquedas y procesamiento de lenguaje.*
   - **T5 (Text-To-Text Transfer Transformer):** *Modelo de Google que convierte cualquier problema de NLP en una tarea de transformación de texto.*
   - **XLNet:** *Alternativa a BERT que mejora la predicción en procesamiento de lenguaje natural.*

Imagen 1.7: *Imagen creada por IA para representar modelos de Inteligencia Artificial.*

2. **Modelos de Visión por Computadora:** *Estos modelos analizan imágenes y videos para reconocer patrones, objetos y realizar tareas de visión artificial.*

   - **ResNet (Residual Neural Network):** *Modelo desarrollado por Microsoft, especializado en reconocimiento de imágenes con redes neuronales profundas.*

- **YOLO (You Only Look Once):** *Modelo de detección de objetos en tiempo real utilizado en aplicaciones de seguridad y conducción autónoma.*
- **EfficientNet:** *Modelo de visión que optimiza el rendimiento en clasificación de imágenes con menos recursos computacionales.*
- **Faster R-CNN (Region-based Convolutional Neural Network):** *Modelo avanzado para detección de objetos con gran precisión.*

3. **Modelos de Análisis Predictivo:** *Estos modelos analizan datos históricos para prever tendencias y resultados futuros.*

- **XGBoost (Extreme Gradient Boosting):** *Algoritmo eficiente para predicción en datos tabulares, utilizado en finanzas y marketing.*
- **LSTM (Long Short-Term Memory):** *Tipo de red neuronal recurrente utilizada en series temporales y predicciones económicas.*
- **Prophet (Facebook Prophet):** *Modelo de código abierto desarrollado por Facebook para predicción de series temporales como ventas o demanda de productos.*
- **ARIMA (AutoRegressive Integrated Moving Average):** *Algoritmo estadístico utilizado para análisis de series de tiempo.*

4. **Modelos de Generación de Imágenes y Video:** *Estos modelos pueden generar imágenes realistas a partir de descripciones textuales o mejorar la calidad de imágenes y videos.*

- **Stable Diffusion:** *Modelo de generación de imágenes basado en IA, capaz de crear ilustraciones a partir de texto.*
- **DALL·E:** *Modelo de OpenAI que genera imágenes a partir de descripciones en lenguaje natural.*
- **StyleGAN:** *Modelo desarrollado por NVIDIA para la generación de rostros humanos hiperrealistas.*
- **BigGAN:** *Red generativa utilizada para la creación de imágenes de alta calidad.*

5. **Modelos de Reconocimiento de Voz y Audio:** *Estos modelos permiten transcribir, interpretar y generar audio en diferentes contextos.*

   - **Whisper (OpenAI Whisper):** Modelo de reconocimiento automático de voz de alta precisión.
   - **DeepSpeech:** Modelo de Mozilla para convertir voz en texto con aprendizaje profundo.
   - **WaveNet:** Modelo de Google DeepMind para la síntesis de voz, utilizado en asistentes virtuales como Google Assistant.
   - **Tacotron 2:** Modelo de conversión de texto a voz desarrollado por Google.

6. **Modelos de IA para Juegos y Toma de Decisiones:** *Estos modelos están diseñados para tomar decisiones estratégicas en entornos dinámicos.*

   - **AlphaG:** Modelo de DeepMind que venció a campeones humanos en el juego de mesa Go.
   - **OpenAI Five:** Modelo que logró vencer a jugadores profesionales en Dota 2 mediante aprendizaje por refuerzo.
   - **DeepStack:** Modelo de IA que juega póker y toma decisiones basadas en probabilidad.
   - **MuZero:** Modelo avanzado que puede aprender a jugar juegos sin conocer previamente sus reglas.

Estos modelos representan solo una parte del vasto ecosistema de la inteligencia artificial. Cada uno de ellos está diseñado para resolver problemas específicos, y su impacto se extiende a diversas industrias como la salud, el comercio, la educación y la automatización de procesos empresariales.

1.2.1.2 Validación Cruzada

La validación cruzada es una técnica utilizada en aprendizaje automático (Machine Learning) para evaluar el rendimiento de un modelo y evitar el sobreajuste (overfitting). Consiste en dividir los datos en varias partes o "folds" y entrenar el modelo en distintos subconjuntos para obtener una evaluación más confiable.

A continuación, se presentan ejemplos de diferentes tipos de validación cruzada con casos de uso en modelos de inteligencia artificial.

1. Validación Cruzada K-Fold (K-Fold Cross-Validation)

- **Ejemplo:** *Predicción de precios de viviendas*
- **Descripción:** *Se divide el conjunto de datos en K subconjuntos (por ejemplo, K=5). En cada iteración, el modelo se entrena en K-1 partes y se prueba en la parte restante. Luego, se promedian los resultados de todas las iteraciones.*
- **Caso de Uso:** *Un modelo de regresión lineal predice los precios de viviendas con base en variables como la ubicación, número de habitaciones y área en metros cuadrados. La validación cruzada K-Fold permite evaluar la capacidad de generalización del modelo sin depender de una sola partición de datos.*
  - o **Ventaja:** *Reduce la variabilidad de la evaluación y es más estable que la simple división en entrenamiento y prueba.*
  - o **Desventaja:** *Puede ser computacionalmente costosa para modelos muy complejos.*

2. Validación Cruzada Estratificada (Stratified K-Fold Cross-Validation)

- **Ejemplo:** *Clasificación de correos electrónicos en spam y no spam*
- **Descripción:** *Similar a K-Fold, pero mantiene la proporción de clases en cada fold. Esto es crucial cuando los datos están desbalanceados, como en problemas de clasificación.*
- **Caso de Uso:** *Se usa en clasificadores de correo electrónico donde la mayoría de los correos son legítimos y solo un pequeño porcentaje es spam. La validación estratificada asegura que cada fold tenga aproximadamente la misma proporción de correos spam y no spam.*

- o **Ventaja:** *Mantiene la distribución de clases, lo que mejora la evaluación en modelos de clasificación.*
- o **Desventaja:** *Puede no ser adecuada para conjuntos de datos muy pequeños.*

3. Validación Cruzada Leave-One-Out (LOOCV - Leave-One-Out Cross-Validation)

- **Ejemplo:** *Diagnóstico médico basado en imágenes*
- **Descripción:** *Cada instancia del conjunto de datos se usa como conjunto de prueba una vez, mientras que el resto se usa para entrenar el modelo. Se repite hasta que todas las muestras sean utilizadas como prueba.*
- **Caso de Uso:** *Un modelo de redes neuronales convolucionales (CNN) detecta enfermedades en imágenes médicas, como radiografías pulmonares. Se usa LOOCV cuando los datos son limitados, asegurando que cada imagen se utilice para evaluar el modelo al menos una vez.*
  - o **Ventaja:** *Utiliza todos los datos para el entrenamiento, lo que maximiza la cantidad de información disponible.*
  - o **Desventaja:** *Es extremadamente costoso computacionalmente, especialmente con grandes conjuntos de datos.*

4. Validación Cruzada de Series Temporales (Time Series Cross-Validation - Rolling Window)

- **Ejemplo:** *Predicción de la demanda de energía eléctrica*
- **Descripción:** *Los datos de series temporales no se pueden dividir aleatoriamente, ya que el orden importa. En este enfoque, el modelo se entrena en un conjunto creciente de datos y se valida en el siguiente bloque de tiempo.*
- **Caso de Uso:** *Un modelo de series temporales (ARIMA, LSTM) predice la demanda energética con base en datos históricos. Se usa una ventana deslizante en la que cada nuevo conjunto de entrenamiento incluye datos más recientes, mientras la prueba se mantiene cronológicamente futura.*

- o **Ventaja:** *Respeta la naturaleza secuencial de los datos, evitando fugas de información.*
- o **Desventaja:** *No es adecuado para datos donde el orden temporal no es relevante.*

5. Validación Cruzada Anidada (Nested Cross-Validation)

- **Ejemplo:** *Optimización de hiperparámetros en modelos de clasificación*
- **Descripción:** *Combina K-Fold y validación interna, donde una validación interna se usa para ajustar hiperparámetros, mientras que otra externa evalúa el rendimiento del modelo.*
- **Caso de Uso:** *Un modelo de bosques aleatorios (Random Forest) clasifica imágenes médicas en "sano" o "enfermo". La validación cruzada anidada se usa para encontrar los mejores valores de número de árboles, profundidad y criterios de división, y luego evaluar el modelo en otro fold.*
    - o **Ventaja:** *Mejora la selección de hiperparámetros y reduce el sesgo en la evaluación del modelo.*
    - o **Desventaja:** *Es computacionalmente costoso, ya que implica múltiples ejecuciones de validación cruzada.*

Imagen 1.8: *Imagen creada por IA para representar la Validación Cruzada.*

La validación cruzada es esencial para evaluar modelos de inteligencia artificial de manera efectiva. Dependiendo del tipo de problema y del conjunto de datos, se debe seleccionar la técnica adecuada:

- *K-Fold para evaluación general.*
- *Estratificada para datos desbalanceados.*
- *LOOCV cuando hay pocos datos.*
- *Series Temporales cuando el tiempo es un factor crucial.*
- *Anidada para optimización de hiperparámetros.*

Al aplicar correctamente la validación cruzada, se logra mejorar la capacidad de generalización del modelo, evitando que se ajuste demasiado a los datos de entrenamiento y asegurando un rendimiento confiable en datos nuevos.

1.2.2 Inteligencia Artificial Generativa

La **Inteligencia Artificial Generativa** *es un subcampo de la inteligencia artificial que se centra en la creación de contenido nuevo y original a partir de datos existentes. A diferencia de otros tipos de IA que solo analizan, clasifican o predicen, los modelos generativos son capaces de producir texto, imágenes, música, código, videos y otros formatos de contenido de manera autónoma, sin necesidad de una entrada humana específica en cada caso.*

Imagen 1.9: *Imagen creada por IA para representar La Inteligencia Artificial Generativa.*

Estos modelos utilizan redes neuronales avanzadas, en particular redes generativas adversarias (GANs) y transformers pre-entrenados, para generar información que no solo imita patrones previamente aprendidos, sino que también puede innovar dentro de los límites del contexto entrenado. Gracias a estos avances, la IA generativa ha revolucionado múltiples industrias, desde el diseño gráfico y la escritura hasta la simulación de datos y la síntesis de voz.

1.2.2.1 ¿Cómo Funciona la Inteligencia Artificial Generativa?

El funcionamiento de la IA generativa se basa en modelos de aprendizaje profundo que han sido entrenados con enormes volúmenes de datos. Los modelos más avanzados utilizan arquitecturas como:

- **Redes Generativas Adversarias (GANs):** *Un sistema de dos redes neuronales (generador y discriminador) que compiten entre sí para producir contenido realista. Ejemplo: StyleGAN (generación de rostros realistas).*
- **Modelos de Transformadores (Transformers):** *Algoritmos que procesan secuencias de datos, permitiendo la generación de texto, código y traducciones con coherencia contextual. Ejemplo: GPT-4.*
- **Modelos de Difusión:** *Algoritmos que transforman ruido aleatorio en imágenes detalladas y realistas. Ejemplo: DALL·E 2.*

Cada uno de estos enfoques permite que la IA generativa aprenda estructuras, estilos y patrones de los datos de entrenamiento para luego producir contenido nuevo que sigue esas reglas.

1.2.2.2 Ejemplos de Aplicaciones de la Inteligencia Artificial Generativa

La inteligencia artificial generativa se aplica en diversos sectores, destacando las siguientes áreas:

1. Generación de Texto y Escritura Automática

- **GPT-4 (OpenAI):** *Creación de contenido textual, generación de artículos, asistencia en escritura y desarrollo de código.*

- **Jasper AI:** *Redacción publicitaria, generación de contenido de marketing y escritura de blogs optimizados para SEO.*
- **Claude AI (Anthropic):** *Asistencia en generación de texto con un enfoque en seguridad y ética.*

2. Creación de Imágenes y Diseño Gráfico

- **DALL·E 2 (OpenAI):** *Creación de imágenes realistas a partir de descripciones de texto.*
- **Stable Diffusion:** *Generación de ilustraciones y arte digital con alto nivel de personalización.*
- **Runway ML:** *Herramienta para generar y editar videos mediante IA generativa.*

3. Producción de Música y Sonido

- **Jukebox (OpenAI):** *Composición de música con estilos específicos basada en IA.*
- **Amper Music:** *Creación automática de pistas musicales personalizadas.*
- **AIVA (Artificial Intelligence Virtual Artist):** *Composición de música para videojuegos y películas.*

4. Generación de Código y Desarrollo de Software

- **GitHub Copilot:** *Sugerencias y autocompletado de código basado en IA.*
- **OpenAI Codex:** *Creación de código en múltiples lenguajes a partir de instrucciones en lenguaje natural.*
- **Tabnine:** *Asistente de codificación para mejorar la eficiencia de los desarrolladores.*

5. Creación y Edición de Videos

- **Synthesia:** *Creación de videos con avatares generados por IA.*
- **DeepBrain AI:** *Conversión de texto en videos con narradores virtuales.*

- **Runway ML:** *Edición de videos y efectos visuales mediante IA.*

6. Simulación y Modelado de Datos

- **GANs en simulaciones médicas:** *Modelado de órganos y tejidos para pruebas médicas.*
- **Modelos generativos en diseño de fármacos:** *Creación de moléculas y compuestos para la industria farmacéutica.*
- **Deep Fake Technology:** *Generación de videos con rostros hiperrealistas.*

1.2.2.3 Diferencias Clave entre la Inteligencia Artificial Generativa y Otros Tipos de Inteligencia Artificial

Característica	IA Tradicional	IA Generativa
Función principal	Analizar y predecir	Crear contenido nuevo
Ejemplo de aplicación	Clasificación de imágenes	Generación de imágenes
Tipo de datos procesados	Datos estructurados y no estructurados	Datos complejos como texto, imágenes y sonidos
Ejemplo de modelos	Redes neuronales convolucionales (CNN), Random Forest, SVM	GANs, Transformers (GPT-4, DALL·E 2), Modelos de difusión
Capacidad creativa	Limitada a reglas y datos previos	Puede generar contenido innovador

Tabla 1.3: *Comparación entre IA Generativa e IA Tradicional*

La Inteligencia Artificial Generativa ha revolucionado la manera en que las máquinas interactúan con la información y el contenido digital. No solo ha democratizado la creación de arte, música, texto y código, sino que también ha impulsado la automatización de tareas creativas que antes solo podían ser realizadas por humanos.

Sin embargo, su creciente uso plantea desafíos éticos y legales, especialmente en temas como la privacidad, los derechos de autor y la veracidad de la información. Por ello, es fundamental aplicar la IA generativa con responsabilidad y transparencia.

En los próximos años, veremos cómo la IA generativa se integra aún más en industrias como la educación, la salud y el entretenimiento, ofreciendo soluciones cada vez más avanzadas y accesibles para empresas y profesionales de todo el mundo.

1.2.3 Inteligencia Artificial Responsable

La Inteligencia Artificial Responsable *es un enfoque ético y regulado del desarrollo, implementación y uso de la inteligencia artificial que busca garantizar la transparencia, equidad, seguridad y alineación con valores humanos. Su objetivo es maximizar los beneficios de la IA mientras minimiza riesgos y daños potenciales, asegurando que la tecnología se utilice de manera ética, justa e inclusiva.*

Este concepto implica el desarrollo de sistemas de IA que no solo sean eficientes y avanzados, sino que también respeten los derechos humanos, la privacidad, la equidad y la responsabilidad social. La IA responsable debe ser explicable, segura, libre de sesgos injustos y alineada con principios éticos claros.

Dado que la IA está cada vez más presente en la toma de decisiones críticas en ámbitos como la salud, las finanzas, la seguridad y la educación, es imprescindible que sus algoritmos sean diseñados con mecanismos de control que permitan evitar discriminación, opacidad o mal uso de la tecnología.

1.2.3.1 Principios Fundamentales de la Inteligencia Artificial Responsable

Para que la IA sea considerada responsable, debe cumplir con los siguientes principios clave:

1. **Transparencia y Explicabilidad**

- *Los sistemas de IA deben ser comprensibles y auditables, permitiendo que los usuarios entiendan cómo y por qué toman decisiones.*
- *Se deben utilizar modelos de IA explicable (XAI) para reducir la "caja negra" en algoritmos complejos.*

2. Equidad y No Discriminación

- *Los modelos de IA deben minimizar sesgos en los datos y evitar resultados discriminatorios basados en raza, género, edad u otros factores sensibles.*
- *Implementación de técnicas de auditoría de sesgos para detectar y corregir desigualdades en la toma de decisiones automatizada.*

3. Seguridad y Protección contra el Mal Uso

- *La IA debe diseñarse con medidas de seguridad que prevengan ataques cibernéticos o manipulaciones maliciosas.*
- *Implementación de pruebas de adversarial AI para evitar que los modelos sean explotados con datos manipulados.*

4. Privacidad y Protección de Datos

- *Cumplimiento con normativas de protección de datos como GDPR (Europa) y CCPA (EE. UU.).*
- *Uso de aprendizaje federado para entrenar modelos sin necesidad de acceder directamente a datos sensibles de los usuarios.*

5. Responsabilidad y Supervisión Humana

- *La IA no debe tomar decisiones críticas sin intervención humana en sectores sensibles como la salud, la justicia o la seguridad.*
- *Se deben definir marcos de gobernanza para que las empresas sean responsables de sus desarrollos en IA.*

6. Impacto Social y Ambiental

- *Evaluación del impacto de la IA en el empleo y la sociedad, asegurando que la automatización no genere desigualdad laboral sin alternativas de capacitación.*
- *Uso eficiente de recursos computacionales para minimizar el impacto ambiental del entrenamiento de modelos de IA.*

1.2.3.2 Ejemplos de Aplicaciones de Inteligencia Artificial Responsable

La implementación de inteligencia artificial responsable ha cobrado gran importancia en múltiples sectores. Algunos ejemplos clave incluyen:

1. En el Sector Financiero: Modelos de Préstamos Justos

- *Bancos y fintechs están utilizando IA para analizar la solvencia de clientes sin sesgos discriminatorios.*
- **Ejemplo:** *Uso de modelos explicables como LIME (Local Interpretable Model-Agnostic Explanations) para justificar aprobaciones o rechazos de créditos de manera transparente.*

2. En Recursos Humanos: Selección de Personal Equitativa

- *Algoritmos de IA analizan currículums sin sesgos de género o raza mediante técnicas de depuración de datos.*
- **Ejemplo:** *Herramientas como Pymetrics, que usan IA para evaluar habilidades en base a métricas objetivas, eliminando sesgos inconscientes en los reclutadores.*

3. En el Comercio y la Publicidad: Algoritmos Éticos

- *Plataformas de anuncios evitan segmentación discriminatoria de clientes en función de atributos sensibles.*

- **Ejemplo:** *Google y Facebook han implementado auditorías para evitar que los anuncios excluyan a ciertos grupos demográficos injustamente.*

4. En el Sector Salud: Diagnósticos Médicos Explicables

- *Modelos de IA en radiología y diagnóstico de enfermedades explican sus decisiones a los médicos para evitar errores críticos.*
- **Ejemplo:** *Algoritmos de Deep Learning en imágenes médicas acompañados de informes detallados que justifican su predicción, evitando la "caja negra" en medicina.*

5. En la IA Conversacional: Chatbots Éticos y Responsables

- *Chatbots y asistentes virtuales diseñados para evitar respuestas ofensivas, sesgadas o desinformadas.*
- **Ejemplo:** *OpenAI ha implementado filtros en ChatGPT para evitar generación de contenido dañino o desinformación.*

1.2.3.3 Diferencias Clave entre Inteligencia Artificial Convencional e Inteligencia Artificial Responsable

Aspecto	IA Convencional	IA Responsable
Transparencia	Puede ser una "caja negra" sin explicaciones claras.	Modelos explicables con auditoría ética.
Sesgos en Datos	Puede amplificar desigualdades si no se corrigen.	Minimización de sesgos con auditorías y ajustes.
Supervisión Humana	Puede tomar decisiones sin control humano.	Decisiones críticas con supervisión humana.
Privacidad	Puede recolectar datos sin control estricto.	Cumplimiento estricto de normativas como GDPR y CCPA.
Responsabilidad	Falta de regulación o normativas claras.	Adopción de marcos éticos y regulaciones.

Tabla 1.4: *Comparación entre la IA Convencional e IA Responsable.*

La Inteligencia Artificial Responsable es un pilar fundamental en la evolución de la IA, asegurando que las tecnologías avanzadas sean utilizadas de manera justa, ética y beneficiosa para la sociedad. En un mundo donde los algoritmos tienen cada vez más influencia en nuestra vida cotidiana, es imperativo que las organizaciones adopten enfoques de IA que sean transparentes, equitativos y seguros.

Los gobiernos, empresas y desarrolladores deben comprometerse con prácticas responsables para garantizar que la IA no solo sea eficiente, sino también justa y confiable. En los próximos años, la regulación y la supervisión ética de la IA jugarán un papel crucial en su integración en la sociedad, permitiendo que su impacto sea positivo y sostenible.

La IA responsable no es solo una opción, es una necesidad para un futuro tecnológico más inclusivo y confiable.

Imagen 1.10: *Imagen creada por IA para representar La Inteligencia Artificial Responsable.*

1.2.4 Inteligencia Artificial Embebida en Robots

La **Inteligencia Artificial Embebida en Robots** *se refiere a la integración de algoritmos de IA dentro de sistemas robóticos autónomos, permitiéndoles realizar tareas de manera inteligente, adaptativa y autónoma sin intervención humana constante. Esta combinación de robótica e inteligencia artificial permite que los robots aprendan de su entorno, optimicen su desempeño y tomen decisiones en tiempo real basadas en datos y sensores.*

Los robots con IA embebida pueden percibir su entorno a través de cámaras, micrófonos, sensores hápticos o LiDAR, procesar la información mediante modelos avanzados de machine learning y actuar de manera autónoma o semiautónoma para cumplir con tareas específicas. La IA embebida mejora la capacidad de los robots en términos de navegación, manipulación de objetos, interacción con humanos y adaptación a condiciones dinámicas.

En términos prácticos, esto significa que los robots ya no solo siguen instrucciones preprogramadas, sino que pueden razonar, aprender y optimizar su comportamiento con el tiempo. Esta tecnología es clave en industrias como la manufactura, la medicina, la logística y el sector doméstico, donde la automatización inteligente mejora la eficiencia y la seguridad de los procesos.

1.2.4.1 Características Principales de la Inteligencia Artificial Embebida en Robots

Los robots con IA embebida presentan las siguientes características clave:

1. **Capacidad de Aprendizaje Automático (Machine Learning)**

- *Pueden aprender de experiencias pasadas y mejorar su rendimiento con el tiempo.*
- *Uso de modelos como redes neuronales profundas para interpretar datos sensoriales.*

2. **Sensores y Percepción del Entorno**

- *Equipados con cámaras, micrófonos, sensores táctiles, LiDAR o radares.*
- *Capacidad de detectar obstáculos, reconocer rostros, interpretar voz y analizar el contexto en tiempo real.*

3. **Toma de Decisiones Autónoma**

- *Implementación de algoritmos de planificación y razonamiento para resolver problemas en tiempo real.*
- *Evaluación de múltiples opciones antes de ejecutar una acción.*

4. **Interacción con Humanos**

- *Uso de Procesamiento del Lenguaje Natural (NLP) para comunicarse con usuarios.*
- *Capacidad de reconocer gestos y emociones para mejorar la experiencia de usuario.*

5. **Autonomía y Movilidad Inteligente**

- *Robots que pueden moverse de manera autónoma en entornos complejos.*
- *Navegación mediante SLAM (Simultaneous Localization and Mapping) para evitar obstáculos.*

1.2.4.2 Ejemplos de Inteligencia Artificial Embebida en Robots

1. **Robots en la Industria Automotriz: Manufactura Inteligente**

- *Los robots industriales con IA son capaces de ensamblar vehículos de manera autónoma, optimizando la eficiencia de producción.*
- **Ejemplo:** *Baxter y Sawyer, robots colaborativos (cobots) que trabajan junto a humanos en fábricas, adaptándose a diferentes tareas sin necesidad de ser reprogramados manualmente.*
- **IA Embebida:** *Visión por computadora para inspección de calidad y aprendizaje automático para mejorar la eficiencia en el ensamblaje.*

2. **Robots de Asistencia en el Sector Salud**

- *Los robots en hospitales pueden asistir a médicos en cirugías o ayudar a pacientes con movilidad reducida.*
- **Ejemplo:** *Da Vinci, un robot quirúrgico que ayuda en procedimientos mínimamente invasivos, mejorando la precisión y reduciendo riesgos.*
- **IA Embebida:** *Procesamiento de imágenes médicas para guiar cirugías con alta precisión.*

3. Robots Autónomos para Logística y Almacenes

- *Los robots autónomos optimizan la gestión de inventarios y agilizan el transporte de mercancías en almacenes.*
- **Ejemplo:** *Amazon Robotics, flotas de robots que organizan y transportan productos en centros de distribución.*
- **IA Embebida:** *Algoritmos de planificación de rutas para maximizar eficiencia en la entrega de paquetes.*

4. Robots de Servicio en la Industria Hotelera y Restaurantes

- *Cada vez más hoteles y restaurantes usan robots con IA para mejorar la experiencia del cliente.*
- **Ejemplo:** *Pepper, un robot humanoide capaz de interactuar con clientes, responder preguntas y ofrecer recomendaciones.*
- **IA Embebida:** *Procesamiento del lenguaje natural para entender solicitudes y responder de manera contextualizada.*

5. Robots Domésticos para Tareas del Hogar

- *Robots inteligentes ayudan en la limpieza y otras tareas domésticas mediante algoritmos de IA.*
- **Ejemplo:** *Roomba, la aspiradora autónoma que mapea habitaciones y optimiza la limpieza.*
- **IA Embebida:** *Algoritmos de navegación autónoma para evitar obstáculos y mejorar la eficiencia de limpieza.*

1.2.4.3 Diferencias entre un Robot Tradicional y un Robot con Inteligencia Artificial Embebida

Característica	Robot Tradicional	Robot con IA Embebida
Ejecución de tareas	Basado en programación rígida y predefinida	Aprende y se adapta según el entorno
Capacidad de decisión	Responde solo a comandos preprogramados	Puede tomar decisiones autónomas en tiempo real
Interacción con el entorno	Limitada a sensores básicos	Usa visión por computadora, NLP y aprendizaje automático
Flexibilidad en tareas	Solo realiza funciones específicas	Puede ajustar su comportamiento según las necesidades
Evolución y mejora	No puede aprender de experiencias previas	Mejora su rendimiento con el tiempo a través de Machine Learning

Tabla 1.5: *Comparación entre la Inteligencia Artificial Embebida en Robots y robots tradicional.*

La Inteligencia Artificial Embebida en Robots representa una evolución clave en la automatización y la robótica, permitiendo que las máquinas sean más inteligentes, autónomas y eficientes. Al combinar sensores avanzados, algoritmos de IA y capacidades de aprendizaje, estos robots pueden adaptarse a diversas industrias y mejorar la calidad de vida de las personas.

En el futuro, veremos un crecimiento exponencial en la implementación de robots con IA embebida en áreas como salud, manufactura, servicio al cliente y exploración espacial, donde la necesidad de autonomía y toma de decisiones inteligentes es cada vez mayor.

Los robots con IA embebida no solo automatizan tareas, sino que las optimizan, mejoran y evolucionan con el tiempo. ¡El futuro de la robótica es más inteligente que nunca!

1.2.5 Inteligencia Artificial Explicable (XAI)

La **Inteligencia Artificial Explicable (XAI, por sus siglas en inglés)** *es un conjunto de técnicas y metodologías diseñadas para hacer que los modelos de inteligencia artificial sean más comprensibles, interpretables y transparentes para los humanos. Su propósito es eliminar la opacidad en los algoritmos de IA, permitiendo* *que las decisiones tomadas por estos sistemas puedan ser explicadas y comprendidas por expertos, usuarios y reguladores.*

A medida que la IA se vuelve más sofisticada, muchos modelos, especialmente los basados en redes neuronales profundas y aprendizaje profundo (Deep Learning), operan como cajas negras (black-box models), lo que significa que producen resultados sin que sea evidente cómo llegaron a ellos. Esto plantea preocupaciones en términos de ética, confianza, auditoría y toma de decisiones responsables.

El objetivo de XAI es proporcionar transparencia en los procesos de IA, permitiendo que los usuarios entiendan por qué una IA tomó una determinada decisión y, si es necesario, identificar y corregir posibles sesgos o errores en el modelo.

1.2.5.1 Características Principales de Inteligencia Artificial Explicable (XAI)

1. **Interpretabilidad**

- *Facilita la comprensión de cómo un modelo de IA llega a sus conclusiones.*
- *Explica qué características influyeron en la decisión de la IA.*

2. **Transparencia**

- *Evita modelos de caja negra proporcionando una estructura clara y comprensible.*
- *Permite a los usuarios inspeccionar el comportamiento del sistema.*

3. **Justificación**

- *Brinda razones específicas sobre por qué un modelo predijo un resultado en particular.*
- *Ayuda a los usuarios a tomar decisiones fundamentadas basadas en IA.*

4. **Auditoría y Regulación**

- *Facilita el cumplimiento de normativas de privacidad y ética en el uso de IA.*
- *Ayuda en la detección y corrección de sesgos en modelos de IA.*

5. **Corrección de Sesgos y Errores**

- *Permite identificar posibles sesgos discriminatorios en la toma de decisiones.*
- *Posibilita ajustar los modelos para mejorar su equidad y precisión.*

1.2.5.2 Ejemplos de Aplicación de la Inteligencia Artificial Explicable (XAI)

1. Sector Financiero: Explicación de Préstamos y Créditos

- *Los bancos utilizan modelos de IA para evaluar la solvencia de un cliente y decidir si aprueban un crédito.*
- **Problema:** *Un cliente recibe una negación de crédito sin entender la razón.*
- **Solución con XAI:** *La IA Explicable muestra que el crédito fue negado porque el historial de pagos tenía retrasos frecuentes o el nivel de ingresos no cumplía los requisitos. También puede indicar qué factores mejorarían la aprobación en futuras solicitudes.*

2. Sector Salud: Diagnósticos Médicos Explicables

- *Modelos de IA ayudan a detectar enfermedades basadas en imágenes médicas o registros clínicos.*
- **Problema:** *Un sistema de IA diagnostica a un paciente con alto riesgo de cáncer, pero los médicos necesitan comprender por qué.*
- **Solución con XAI:** *La IA Explicable destaca qué características en la imagen (por ejemplo, ciertas anomalías en una tomografía) llevaron al diagnóstico. Explica qué patrones en el historial clínico aumentan el riesgo.*

3. Recursos Humanos: Selección de Candidatos con IA Transparente

- *Empresas utilizan IA para filtrar y seleccionar candidatos en procesos de reclutamiento.*
- **Problema:** *Un candidato es rechazado sin saber la razón.*
- **Solución con XAI:** *Se explica que la decisión se basó en falta de experiencia en un área clave o en habilidades técnicas específicas. Permite a los candidatos mejorar su perfil para futuras oportunidades.*

4. Seguridad y Justicia: Uso de IA en Decisiones Legales

- *Algunos sistemas de IA ayudan en la predicción de reincidencia criminal para apoyar decisiones judiciales.*
- **Problema:** *Un juez recibe una recomendación de IA que sugiere una sentencia más severa para un acusado sin detalles claros.*
- **Solución con XAI:** *La IA Explicable justifica la recomendación mostrando factores de riesgo basados en antecedentes similares. Permite que el juez evalúe y valide la decisión con base en datos comprensibles.*

5. Comercio Electrónico y Publicidad Personalizada

- *Plataformas como Amazon, Netflix o Spotify utilizan IA para recomendar productos o contenido.*
- **Problema:** *Un usuario recibe recomendaciones irrelevantes y no entiende por qué.*
- **Solución con XAI:** *Explica que la sugerencia se basa en compras previas o en similitudes con otros usuarios. Permite personalizar aún más las recomendaciones según preferencias reales.*

1.2.5.3 Métodos y Técnicas de Inteligencia Artificial Explicable (XAI)

Existen varias técnicas para hacer que los modelos de IA sean más explicables:

1. **SHAP (Shapley Additive Explanations)**

   - *Analiza la importancia de cada variable en una predicción.*
   - *Asigna valores para indicar cuánto influye cada factor en la decisión del modelo.*

2. **LIME (Local Interpretable Model-agnostic Explanations)**

   - *Genera explicaciones locales para modelos de caja negra.*
   - *Crea versiones simplificadas del modelo para interpretar decisiones específicas.*

3. **Grad-CAM (Gradient-weighted Class Activation Mapping)**

   - *Se usa en visión por computadora para mostrar qué áreas de una imagen influyen en la decisión de la IA.*

4. **Modelos Intrínsecamente Explicables**

   - *Árboles de decisión, regresión lineal y bosques aleatorios permiten interpretaciones más fáciles sin necesidad de técnicas adicionales.*

1.2.5.4 Diferencias entre una Inteligencia Artificial Explicable y una Inteligencia Artificial de Caja Negra

Característica	IA de Caja Negra	IA Explicable (XAI)
Transparencia	Baja o nula, difícil de entender	Alta, decisiones claras y justificadas
Interpretabilidad	No se pueden interpretar sus decisiones fácilmente	Permite conocer el motivo de cada decisión
Corrección de Sesgos	Difícil de detectar errores o sesgos ocultos	Permite identificar y mitigar sesgos
Regulación y Cumplimiento	Puede no cumplir normativas de transparencia	Facilita el cumplimiento de normativas legales
Confianza del Usuario	Baja, los usuarios pueden desconfiar de las decisiones	Mayor confianza debido a la transparencia del sistema

Tabla 1.6: *Comparación entre la Inteligencia Artificial Explicable e Inteligencia Artificial de Caja Negra.*

La Inteligencia Artificial Explicable (XAI) es crucial en sectores donde la toma de decisiones debe ser transparente, ética y confiable. Desde la salud hasta las finanzas, la IA explicable permite comprender cómo funcionan los modelos, evitando discriminaciones o errores ocultos.

A medida que la IA se integra en más aspectos de nuestra vida, la demanda por sistemas que no solo sean precisos, sino también comprensibles y auditables, seguirá creciendo. La XAI no solo mejora la adopción de la inteligencia artificial en la sociedad, sino que también permite construir modelos más justos, responsables y alineados con las necesidades humanas.

La IA no solo debe ser poderosa, sino también comprensible. La Inteligencia Artificial Explicable es el camino hacia una tecnología más ética y confiable.

1.2.6 Inteligencia Artificial de Caja Negra

La **Inteligencia Artificial de Caja Negra** *se refiere a los modelos de inteligencia artificial, especialmente aquellos basados en aprendizaje profundo (Deep Learning) y redes neuronales artificiales, cuyo proceso de toma de decisiones es altamente complejo y difícil de interpretar o explicar para los humanos. En estos sistemas, los datos de entrada pasan por múltiples capas de procesamiento y transformaciones internas hasta producir un resultado, pero sin una trazabilidad clara sobre cómo se llegó a esa decisión.*

Este término proviene de la idea de una "caja negra", donde se conocen las entradas y salidas, pero el proceso interno que lleva a la decisión es opaco o ininteligible. Aunque estos modelos suelen ser extremadamente precisos en tareas como reconocimiento de imágenes, procesamiento de lenguaje natural o análisis predictivo, su falta de explicabilidad plantea desafíos significativos en términos de ética, confianza, auditoría y responsabilidad.

1.2.6.1 Características Principales de la Inteligencia Artificial de Caja Negra

1. Alta Precisión, Baja Explicabilidad

- *Son modelos altamente precisos en la resolución de problemas complejos, pero carecen de interpretabilidad.*

2. Uso Extensivo de Aprendizaje Profundo

- *Utilizan redes neuronales profundas con miles o millones de parámetros que ajustan automáticamente la salida sin intervención humana directa.*

3. Dificultad en Auditoría y Regulación

- *En sectores como la salud, finanzas y justicia, la falta de transparencia en la toma de decisiones de la IA puede dificultar la supervisión y cumplimiento normativo.*

4. Riesgo de Sesgos y Discriminación

- *Si los datos de entrenamiento contienen sesgos, el modelo puede perpetuarlos sin que los usuarios puedan identificar claramente la causa del problema.*

5. Uso en Modelos No Lineales y Complejos

- *Se emplea en problemas que requieren analizar grandes volúmenes de datos con múltiples variables interrelacionadas.*

1.2.6.2 Ejemplos de Inteligencia Artificial de Caja Negra

1. Diagnóstico Médico con Redes Neuronales

- *Un modelo de IA analiza imágenes de radiografías para detectar cáncer con una precisión superior a la de los médicos.*
- **Problema:** *El sistema no explica qué características específicas en la imagen llevaron al diagnóstico.*
- **Riesgo:** *Un error en la predicción puede llevar a diagnósticos equivocados sin posibilidad de justificar la decisión.*

2. Algoritmos de Créditos y Préstamos

- *Bancos y entidades financieras utilizan IA para evaluar la solvencia de un cliente y decidir si aprueban un préstamo.*
- **Problema:** *Un usuario es rechazado sin una razón clara, ya que el sistema utiliza patrones de datos históricos para la evaluación.*
- **Riesgo:** *Puede haber discriminación oculta si el modelo asocia negativamente ciertas características demográficas.*

3. Sistemas de Reconocimiento Facial

- *Aplicaciones de vigilancia y seguridad utilizan IA para identificar personas en tiempo real.*
- **Problema:** *Se ha demostrado que estos modelos tienen una mayor tasa de error al reconocer rostros de ciertos grupos raciales debido a sesgos en los datos de entrenamiento.*
- **Riesgo:** *Uso injusto de la tecnología en ámbitos de seguridad y privacidad sin una comprensión clara de los factores detrás de los errores.*

4. Motores de Recomendación en Streaming y Comercio Electrónico

- *Netflix, Amazon o Spotify utilizan IA para recomendar contenido basado en el comportamiento del usuario.*
- **Problema:** *Los usuarios no saben exactamente qué factores están impulsando las recomendaciones y pueden quedar atrapados en burbujas de contenido.*
- **Riesgo:** *Falta de diversidad en el contenido sugerido y posibles sesgos en las recomendaciones.*

5. IA en Procesos de Selección de Personal

- *Empresas usan IA para filtrar y seleccionar candidatos en procesos de reclutamiento.*
- **Problema:** *El sistema puede descartar automáticamente candidatos sin explicación clara.*
- **Riesgo:** *Si el modelo se ha entrenado con datos históricos sesgados, puede discriminar contra ciertos perfiles sin justificación.*

1.2.6.3 Soluciones para Mitigar los Problemas de la Inteligencia Artificial de Caja Negra

Para evitar los riesgos asociados con los modelos de IA de caja negra, se han desarrollado técnicas y enfoques para hacerlos más interpretables:

1. Uso de Modelos Más Simples

- *Cuando es posible, se pueden emplear modelos como árboles de decisión o regresión logística, que son más explicables.*

2. Inteligencia Artificial Explicable (XAI)

- *Herramientas como SHAP (Shapley Additive Explanations) o LIME (Local Interpretable Model-agnostic Explanations) permiten analizar el impacto de cada variable en la decisión del modelo.*

3. **Regulaciones y Estándares Éticos**

- *Se han implementado normativas como el Reglamento General de Protección de Datos (GDPR) en Europa para garantizar transparencia en los sistemas de IA.*

4. **Desarrollo de Modelos Híbridos**

- *La combinación de IA de caja negra con modelos más interpretables ayuda a mejorar la confianza en los resultados.*

5. **Auditoría y Monitoreo Continuo**

- *Evaluar regularmente el desempeño de la IA para detectar sesgos o errores en la toma de decisiones.*

A pesar de sus desafíos, la IA de caja negra sigue siendo útil en escenarios donde la precisión es más importante que la interpretabilidad. Por ejemplo, en modelos de predicción climática, donde la complejidad del análisis es demasiado alta para ser interpretada por humanos, la prioridad es la exactitud de los resultados.

Sin embargo, en ámbitos críticos como la salud, la justicia, las finanzas o la contratación de personal, es fundamental combinar estos modelos con técnicas de IA explicable para garantizar decisiones éticas y responsables.

La clave no es eliminar la IA de caja negra, sino asegurarnos de que su uso esté alineado con la transparencia, la ética y la responsabilidad en la toma de decisiones.

1.2.7 Redes Neuronales

Las **redes neuronales artificiales (ANN, por sus siglas en inglés: Artificial Neural Networks)** *son un modelo computacional* *inspirado en el funcionamiento del cerebro humano, diseñadas para procesar información de manera jerárquica mediante múltiples capas de neuronas artificiales interconectadas. Estas redes son la base del aprendizaje profundo (Deep Learning) y permiten a los sistemas de inteligencia artificial aprender patrones complejos a partir de grandes volúmenes de datos.*

Imagen 1.11: *Imagen creada por IA para representar La Redes Neuronales.*

Cada neurona artificial en la red recibe una serie de entradas, les asigna pesos y aplica una función de activación para determinar si debe transmitir una señal a la siguiente capa de neuronas. De esta forma, el sistema ajusta automáticamente sus parámetros para mejorar la precisión de sus predicciones a través de un proceso iterativo llamado retro propagación del error (Backpropagation).

Las redes neuronales son fundamentales en la inteligencia artificial porque permiten reconocimiento de patrones, procesamiento de imágenes y lenguaje natural, predicción de tendencias, y toma de decisiones automatizada, entre muchas otras aplicaciones.

1.2.7.1 Características Claves de las Redes Neuronales

- **Aprendizaje Adaptativo:** *Ajustan sus pesos internos en función de los datos que procesan, permitiendo que mejoren su precisión con el tiempo.*

- **Procesamiento en Paralelo:** *Pueden manejar grandes volúmenes de datos simultáneamente, optimizando tareas computacionalmente intensivas.*
- **Generalización de Conocimientos**: *Pueden aplicar lo aprendido en un conjunto de datos a nuevos escenarios no vistos previamente.*
- **Capacidad para Modelar Relaciones No Lineales**: *Son capaces de identificar patrones complejos y no lineales que los modelos tradicionales no pueden detectar.*
- **Estructura Jerárquica:** *Están organizadas en diferentes capas (entrada, ocultas y salida) para realizar un procesamiento progresivo de la información.*

1.2.7.2 Tipos de Redes Neuronales en Inteligencia Artificial

Las redes neuronales pueden clasificarse según su estructura y propósito:

1. Redes Neuronales Feedforward (FNN)

- *Son las más simples y están formadas por una capa de entrada, una o más capas ocultas y una capa de salida.*
- **Ejemplo:** *Se utilizan en modelos de clasificación de imágenes y reconocimiento de dígitos escritos a mano, como en el sistema MNIST.*

2. Redes Neuronales Convolucionales (CNN - Convolutional Neural Networks)

- *Especializadas en procesamiento de imágenes y datos espaciales.*
- *Aplican filtros a las imágenes para extraer características como bordes, texturas y formas.*
- **Ejemplo:** *Son utilizadas en sistemas de reconocimiento facial, como los empleados en dispositivos móviles y cámaras de seguridad.*

3. Redes Neuronales Recurrentes (RNN - Recurrent Neural Networks)

- *Diseñadas para procesar secuencias de datos donde el contexto es importante, como texto y series temporales.*
- *Poseen conexiones recurrentes que les permiten recordar información de pasos anteriores.*
- **Ejemplo:** *Se utilizan en aplicaciones de traducción automática, generación de subtítulos y asistentes virtuales.*

4. Redes Neuronales de Memoria a Largo Plazo (LSTM - Long Short-Term Memory)

- *Una variante de las RNN que soluciona el problema del "desvanecimiento del gradiente", permitiendo recordar información a largo plazo.*
- **Ejemplo:** *Usadas en modelos de predicción del mercado de valores y sistemas de recomendación.*

5. Redes Generativas Antagónicas (GAN - Generative Adversarial Networks)

- *Están compuestas por dos redes: un generador, que crea datos sintéticos, y un discriminador, que evalúa si los datos son reales o generados.*
- **Ejemplo:** *Se emplean en generación de imágenes artificiales, como en DeepFake o en la creación de arte digital.*

6. Redes Neuronales Transformadoras (Transformers)

- *Modelo basado en mecanismos de atención que permite procesar grandes volúmenes de texto con eficiencia.*
- **Ejemplo:** *Modelos como GPT (Generative Pre-trained Transformer) y BERT de Google para procesamiento de lenguaje natural (NLP).*

1.2.7.3 Ejemplos de Aplicaciones Reales de Redes Neuronales

1. Diagnóstico Médico Automatizado

- *Las redes neuronales convolucionales (CNN) pueden analizar imágenes médicas, como radiografías o resonancias magnéticas, para detectar anomalías con gran precisión. Por ejemplo: Google Health ha desarrollado modelos de IA para detectar cáncer de mama con mayor precisión que los radiólogos humanos.*

2. Asistentes Virtuales y Chatbots Inteligentes

- *Redes neuronales recurrentes (RNN) y transformadores como GPT-4 permiten que asistentes como Alexa, Google Assistant y Siri interpreten y generen respuestas en lenguaje natural.*

3. Reconocimiento Facial y Seguridad

- *Facebook, Apple y sistemas de videovigilancia utilizan CNN para identificar personas en imágenes y videos, mejorando la seguridad y autenticación biométrica.*

4. Vehículos Autónomos

- *Tesla, Waymo y otras compañías emplean redes neuronales profundas para analizar el entorno en tiempo real y tomar decisiones de conducción basadas en datos de sensores y cámaras.*

5. Traducción Automática

- *Servicios como Google Translate usan modelos de redes neuronales para traducir textos y discursos en múltiples idiomas con alta precisión.*

6. Generación de Contenido Multimedia

- Las redes generativas antagónicas (GAN) crean imágenes, videos y música originales. Por ejemplo, la herramienta DALL·E de OpenAI genera ilustraciones a partir de descripciones textuales.

1.2.7.4 Ventajas y Desafíos de las Redes Neuronales

Ventajas	Desafíos
Capacidad para aprender patrones complejos y no lineales	Alto consumo de recursos computacionales
Adaptabilidad a distintos tipos de problemas	Necesidad de grandes volúmenes de datos de entrenamiento
Aplicabilidad en múltiples sectores (salud, finanzas, educación, etc.)	Falta de interpretabilidad en modelos de caja negra
Mejora de precisión con más datos y entrenamiento	Posibles sesgos en los datos de entrenamiento

Tabla 1.7: *Comparación entre las ventajas y desafíos de las Redes Neuronales.*

Las redes neuronales artificiales son el pilar fundamental de la inteligencia artificial moderna. Gracias a su capacidad para identificar patrones complejos y procesar datos de manera autónoma, han revolucionado múltiples sectores, desde la medicina hasta la industria del entretenimiento.

A medida que la tecnología avanza, es crucial desarrollar técnicas que hagan estos modelos más explicables, éticos y eficientes, garantizando que sus aplicaciones sean seguras y beneficien a la sociedad en su conjunto.

1.2.8 Edge Computing

Edge Computing *es un paradigma de procesamiento de datos en el que la computación y el análisis se realizan lo más cerca posible de la fuente de los datos, en lugar de depender exclusivamente de servidores centralizados en la nube. Su objetivo principal es reducir la latencia, optimizar el uso del ancho de banda y mejorar la velocidad de* *procesamiento, permitiendo respuestas más rápidas y eficientes en aplicaciones críticas.*

En contraste con el Cloud Computing, donde los datos se envían a servidores remotos para su procesamiento, Edge Computing lleva la computación al "borde" (edge) de la red, procesando los datos en dispositivos locales, como sensores IoT, dispositivos móviles, routers, gateways y servidores de borde.

1.2.8.1 Características Clave de Edge Computing

- **Procesamiento descentralizado:** *Reduce la dependencia de servidores en la nube, permitiendo que los datos sean analizados en el lugar donde se generan.*
- **Baja latencia:** *Mejora la velocidad de respuesta, crucial en aplicaciones en tiempo real como vehículos autónomos y fabricas inteligentes.*
- **Menor consumo de ancho de banda:** *Reduce la cantidad de datos que deben enviarse a la nube, optimizando costos de transmisión.*
- **Mayor seguridad y privacidad:** *Al evitar enviar todos los datos a servidores externos, se minimizan riesgos de ciberseguridad y cumplimiento normativo.*
- **Eficiencia energética:** *Reduce la necesidad de procesar grandes volúmenes de datos en centros de datos masivos.*

1.2.8.2 Ejemplos de Aplicaciones de Edge Computing

1. Vehículos Autónomos

- *En los autos autónomos, Edge Computing es clave para procesar datos en tiempo real de sensores como LiDAR, cámaras y radares.*
- *Los vehículos pueden tomar decisiones instantáneas sin esperar la respuesta de un servidor en la nube, mejorando la seguridad en la conducción.*

2. Industria 4.0 y Manufactura Inteligente

- *En fábricas inteligentes, sensores IoT analizan condiciones ambientales, funcionamiento de maquinaria y detección de fallas en tiempo real.*
- *Permite implementar mantenimiento predictivo, reduciendo costos y tiempos de inactividad.*

3. Salud y Monitoreo Médico

- *Dispositivos médicos inteligentes (como marcapasos o wearables) procesan datos localmente antes de enviarlos a la nube, permitiendo alertas inmediatas en situaciones críticas.*
- **Ejemplo:** *Un smartwatch detecta una arritmia y alerta a un médico sin necesidad de conexión a la nube.*

4. Smart Cities y Seguridad Urbana

- *Cámaras de vigilancia con IA analizan imágenes en tiempo real para detectar movimientos sospechosos o reconocer matrículas de vehículos robados.*
- *Los semáforos inteligentes optimizan el tráfico analizando el flujo vehicular localmente.*

6. Retail y Comercio

- *En supermercados inteligentes, sensores y cámaras analizan el comportamiento de los clientes en tiempo real para mejorar la experiencia de compra.*
- **Ejemplo:** *Amazon Go utiliza Edge Computing para su sistema de "Just Walk Out", eliminando la necesidad de cajas registradoras.*

6. Telecomunicaciones y Redes 5G

- Las redes 5G utilizan Edge Computing para mejorar la transmisión de datos en tiempo real en aplicaciones como realidad aumentada (AR) y realidad virtual (VR).
- Permite que aplicaciones como videollamadas de ultra baja latencia y streaming en 8K funcionen sin interrupciones.

Edge Computing está revolucionando la forma en que las empresas y dispositivos procesan los datos, permitiendo mayor eficiencia, rapidez y seguridad. Su integración con IA, IoT y 5G abre un abanico de oportunidades en sectores clave como salud, manufactura, transporte y telecomunicaciones.

A medida que la cantidad de datos generados por dispositivos conectados sigue aumentando, Edge Computing se convertirá en una solución esencial para optimizar la computación distribuida y mejorar la experiencia de los usuarios en tiempo real.

1.2.9 Cloud Computing

Cloud Computing *es un modelo de entrega de servicios informáticos que permite el acceso a servidores, bases de datos, almacenamiento y software sin necesidad de instalación local. Se basa en una infraestructura global de centros de datos que proporcionan capacidad computacional flexible y escalable.*

1.2.9.1 Características principales

- **Acceso remoto:** *Permite el uso de aplicaciones y servicios desde cualquier lugar con conexión a internet.*
- **Escalabilidad:** *Ajusta automáticamente los recursos según la demanda.*
- **Pago por uso:** *Se paga únicamente por los recursos consumidos.*
- **Alta disponibilidad:** *Garantiza acceso continuo con mínima interrupción.*
- **Seguridad y respaldo de datos:** *Infraestructura protegida contra ataques cibernéticos y pérdida de información.*

1.2.9.2 Beneficios del Cloud Computing en la Inteligencia Artificial

- **Capacidad de procesamiento escalable:** *Permite entrenar modelos de IA con grandes volúmenes de datos sin requerir infraestructura propia.*
- **Almacenamiento ilimitado:** *Facilita la gestión de bases de datos masivas para entrenar algoritmos de Machine Learning.*
- **Acceso a herramientas avanzadas:** *Plataformas como Google Cloud AI, AWS AI y Azure AI ofrecen servicios preconfigurados de IA, reduciendo la necesidad de programación desde cero.*
- **Colaboración y accesibilidad:** *Permite que equipos de trabajo en distintas ubicaciones accedan y trabajen en modelos de IA simultáneamente.*
- **Seguridad y respaldo de datos:** *La nube proporciona protección avanzada contra ataques y pérdida de información, asegurando la continuidad de los proyectos de IA.*

1.2.9.3 Ejemplo de Uso del Cloud Computing en la Inteligencia Artificial

- **Google Cloud AI:** *Ofrece herramientas como AutoML y TensorFlow para entrenamiento de modelos sin necesidad de experiencia avanzada en IA.*
- **Microsoft Azure AI:** *Proporciona servicios como Azure Machine Learning y Cognitive Services para análisis de datos en la nube.*
- **Amazon Web Services (AWS) AI:** *Incluye soluciones como Amazon SageMaker para entrenar modelos de Machine Learning a gran escala.*
- **IBM Watson AI:** *Potente plataforma para análisis de datos, reconocimiento de patrones y automatización de procesos.*

1.2.10 Big Data

Big Data *hace referencia a conjuntos de datos tan masivos y complejos que las herramientas tradicionales de procesamiento de datos no pueden manejarlos de manera eficiente. Su relevancia ha crecido con el avance de internet, las redes sociales, el Internet de las Cosas (IoT) y la digitalización de procesos.*

La inteligencia artificial necesita datos para aprender, mejorar su precisión y automatizar procesos. Sin Big Data, los modelos de IA no tendrían la información suficiente para entrenarse y realizar predicciones útiles.

1.2.10.1 Características Claves de Big Data (Las 5 Vs)

- **Volumen:** *Se manejan terabytes y petabytes de datos generados constantemente por usuarios, sensores, dispositivos y redes.*
- **Velocidad:** *Los datos se generan y procesan en tiempo real, lo que permite tomar decisiones rápidas y automatizadas.*
- **Variedad:** *Existen múltiples tipos de datos, desde texto e imágenes hasta audios y datos de sensores.*
- **Veracidad:** *Se debe garantizar la precisión y calidad de los datos, ya que la información errónea puede afectar los resultados.*
- **Valor:** *El objetivo es extraer información útil para la toma de decisiones y la automatización de procesos mediante IA.*

1.2.10.2 Beneficios del Big Data para la Inteligencia Artificial

- **Entrenamiento de Modelos de IA:** *Cuanta más información procesan los algoritmos, más precisas se vuelven sus predicciones.*
- **Optimización del Análisis Predictivo:** *Big Data permite a la IA anticipar tendencias y detectar anomalías en distintos sectores.*
- **Automatización Inteligente:** *Facilita la toma de decisiones en tiempo real en negocios, salud, finanzas y más.*

- **Personalización de Servicios:** *Mejora la experiencia del usuario mediante recomendaciones basadas en datos.*

1.2.10.3 Ejemplo de Uso del Big Data en la Inteligencia Artificial

- **Netflix y Spotify:** *Analizan millones de interacciones de usuarios para personalizar recomendaciones de contenido.*
- **Google y ChatGPT:** *Utilizan Big Data para mejorar sus modelos de lenguaje natural y responder con mayor precisión.*
- **Empresas Financieras:** *Analizan transacciones en tiempo real para detectar fraudes con inteligencia artificial.*

1.2.11 Automatización Inteligente

La **Automatización Inteligente (Intelligent Automation, IA)** *es una combinación avanzada de Inteligencia Artificial (IA), Machine Learning (ML), Procesamiento del Lenguaje Natural (NLP), Automatización Robótica de Procesos (RPA) y Análisis Predictivo para optimizar y mejorar la eficiencia de tareas empresariales.*

Este enfoque va más allá de la simple automatización tradicional al permitir que los sistemas no solo ejecuten tareas repetitivas, sino que también aprendan, analicen datos y tomen decisiones de manera autónoma. La Automatización Inteligente tiene la capacidad de adaptarse a cambios en los flujos de trabajo, responder en tiempo real y mejorar procesos de manera continua sin intervención humana directa.

1.2.11.1 Características Claves de la Automatización Inteligente

- **Toma de Decisiones Basada en Datos:** *Utiliza algoritmos de IA para analizar información y optimizar procesos en tiempo real.*

- **Interacción con Humanos y Sistemas:** *Puede integrarse con sistemas empresariales (ERP, CRM, etc.) y responder a interacciones humanas de manera inteligente.*
- **Aprendizaje Continuo:** *A través del Machine Learning, mejora su desempeño con cada iteración, identificando patrones y tendencias.*
- **Automatización de Procesos Complejos:** *No solo ejecuta tareas repetitivas, sino que puede gestionar flujos de trabajo dinámicos.*
- **Reducción de Costos y Aumento de la Productividad:** *Minimiza la necesidad de intervención humana en tareas operativas, reduciendo errores y aumentando la eficiencia.*

1.2.11.2 ¿Cómo Funciona la Automatización Inteligente?

- **Captura y procesamiento de datos:** *La IA recopila y analiza información de múltiples fuentes, como bases de datos, correos electrónicos o documentos escaneados.*
- **Toma de decisiones automatizada:** *A través de modelos de aprendizaje automático, el sistema decide la mejor acción a tomar en cada escenario.*
- **Ejecución de tareas con RPA:** *Utiliza Robotic Process Automation (RPA) para ejecutar acciones automatizadas en sistemas empresariales.*
- **Monitoreo y optimización:** *Evalúa constantemente el rendimiento del proceso y ajusta estrategias para mejorar la eficiencia.*

1.2.11.3 Diferencias Entre Automatización Inteligente y la Automatización Robótica de Procesos

Característica	Automatización Inteligente (IA + RPA)	Automatización Robótica de Procesos (RPA)
Capacidad de Aprendizaje	Utiliza Machine Learning para mejorar y adaptarse a cambios.	No aprende, sigue reglas predefinidas.
Toma de Decisiones	Puede analizar datos y tomar decisiones.	Ejecuta tareas repetitivas sin tomar decisiones.
Manejo de Datos	Procesa datos no estructurados (PDF, correos, imágenes).	Solo maneja datos estructurados (tablas, formularios).
Adaptabilidad	Se ajusta a cambios en procesos y entornos.	Requiere reprogramación para cualquier cambio.

Tabla 1.8: *Comparación entre la Automatización Inteligente y la Automatización Robótica de Procesos.*

La Automatización Inteligente representa una evolución en la transformación digital, permitiendo a las empresas mejorar su eficiencia operativa, optimizar costos y ofrecer mejores servicios al cliente. A medida que más organizaciones adoptan esta tecnología, el impacto en productividad y competitividad seguirá creciendo.

Al combinar IA, Machine Learning y RPA, la Automatización Inteligente no solo reduce la carga de trabajo manual, sino que también permite crear sistemas dinámicos capaces de aprender y mejorar con el tiempo. En un mundo cada vez más digitalizado, esta tecnología se ha convertido en un pilar clave para el futuro del trabajo y los negocios.

1.2.12 Automatización Cognitiva

La **Automatización Cognitiva** es una evolución avanzada de la automatización tradicional que combina Inteligencia Artificial (IA), Machine Learning (ML), Procesamiento del Lenguaje Natural (NLP), Visión por Computadora y Análisis Predictivo para emular las capacidades cognitivas humanas en la toma de decisiones, el procesamiento de información y la resolución de problemas.

Imagen 1.12: *Imagen creada por IA para representar La Automatización Cognitiva.*

A diferencia de la Automatización Robótica de Procesos (RPA), que solo sigue reglas predefinidas, la Automatización Cognitiva puede aprender de la experiencia, interpretar datos no estructurados y adaptarse a nuevas situaciones, permitiendo que los sistemas actúen de manera autónoma en entornos complejos.

1.2.12.1 Características Claves de la Automatización Cognitiva

- **Comprensión del Lenguaje Natural (NLP):** *Puede interpretar, analizar y responder a textos, correos electrónicos o audios con comprensión contextual.*
- **Aprendizaje Continuo y Adaptabilidad:** *Utiliza Machine Learning para mejorar con el tiempo y adaptarse a nuevas condiciones sin intervención humana directa.*
- **Procesamiento de Datos Estructurados y No Estructurados:** *Puede analizar grandes volúmenes de datos en diferentes formatos, como imágenes, documentos, correos electrónicos o videos.*
- **Automatización de Tareas Cognitivas:** *No solo ejecuta tareas repetitivas, sino que también toma decisiones basadas en datos históricos y patrones aprendidos.*
- **Toma de Decisiones Basada en Inteligencia Artificial:** *Utiliza IA para predecir escenarios, recomendar soluciones y optimizar procesos en tiempo real.*

1.2.12.2 ¿Cómo Funciona la Automatización Cognitiva?

- **Captura y Procesamiento de Datos:** *Recoge información de múltiples fuentes, como correos electrónicos, documentos, videos y bases de datos.*
- **Comprensión y Análisis de Datos:** *Utiliza algoritmos de NLP y Machine Learning para interpretar textos, reconocer patrones y extraer información relevante.*
- **Toma de Decisiones Inteligente:** *Aplica modelos de IA para recomendar acciones, detectar anomalías o generar predicciones.*
- **Automatización de Acciones:** *Ejecuta tareas complejas sin intervención humana, como responder consultas, validar documentos o gestionar procesos.*
- **Aprendizaje y Mejora Continua:** *Ajusta sus respuestas y estrategias con base en nuevos datos y experiencias previas.*

1.2.12.3 Ejemplos de Aplicaciones de la Automatización Cognitiva

1. Chatbots Cognitivos y Asistentes Virtuales

- *Se utilizan en atención al cliente, soporte técnico y gestión de consultas en bancos y empresas.*
- *Chatbots que pueden entender preguntas complejas, analizar intenciones del usuario y proporcionar respuestas personalizadas.*
- **Ejemplo:** *IBM Watson Assistant, Google Bard y ChatGPT*

2. Automatización de Procesos Financieros

- *Sistemas que revisan documentos legales, detectan errores y optimizan auditorías contables sin intervención manual.*
- **Ejemplo:** *JP Morgan utiliza IA para analizar contratos financieros en segundos.*

3. Evaluación de Documentos y Contratos

- *Permite analizar documentos jurídicos en segundos, identificando cláusulas y términos importantes.*
- **Ejemplo:** *Kira Systems utiliza NLP para revisar contratos legales de manera automática.*

4. Diagnóstico Médico Asistido por IA

- *Analiza radiografías y resonancias magnéticas para identificar anomalías y apoyar diagnósticos.*
- **Ejemplo:** *Google DeepMind aplica IA para detectar enfermedades en imágenes médicas.*

5. Análisis de Riesgo en el Sector Financiero

- *Los modelos de IA analizan tendencias económicas y optimizan carteras de inversión.*
- **Ejemplo:** *BlackRock usa IA para evaluar riesgos de inversión y recomendar estrategias.*

6. Seguridad y Prevención de Fraudes
- *Analiza patrones de compra para bloquear actividades fraudulentas sin afectar la experiencia del usuario.*
- **Ejemplo:** *Mastercard y Visa emplean IA para detectar transacciones sospechosas en tiempo real.*

1.2.12.4 Diferencias Entre Automatización Cognitiva y Automatización Tradicional

Característica	Automatización Cognitiva (IA + ML + NLP)	Automatización Tradicional (RPA)
Capacidad de Aprendizaje	Aprende de la experiencia y mejora con el tiempo.	Solo sigue reglas predefinidas.
Procesamiento de Datos	Interpreta textos, imágenes y videos (datos no estructurados).	Solo trabaja con datos estructurados (tablas, formularios).
Toma de Decisiones	Puede analizar información y generar predicciones.	No puede tomar decisiones inteligentes.
Adaptabilidad	Se ajusta a cambios en los procesos de manera autónoma.	Requiere reprogramación para cualquier cambio.

Tabla 1.9: *Comparación entre la Automatización Cognitiva y la Automatización Tradicional.*

La Automatización Cognitiva representa un gran avance en la forma en que las empresas y organizaciones pueden optimizar sus procesos. Al integrar inteligencia artificial con capacidades cognitivas avanzadas, las empresas pueden reducir costos, mejorar la eficiencia operativa y proporcionar experiencias más personalizadas a los usuarios.

A medida que la tecnología evoluciona, la Automatización Cognitiva se convertirá en un pilar clave en sectores como salud, finanzas, derecho, manufactura y servicio al cliente. Adoptar esta tecnología permitirá a las organizaciones ser más competitivas y prepararse para la transformación digital del futuro.

1.2.13 Diferencias clave entre Inteligencia Artificial, machine learning y deep learning.

La inteligencia artificial (IA), el machine learning (aprendizaje automático) y el deep learning (aprendizaje profundo) son conceptos relacionados, pero con diferencias claras en cuanto a su alcance, complejidad y aplicaciones.

Característica	Inteligencia Artificial (IA)	Machine Learning (ML)	Deep Learning (DL)
Nivel de Complejidad	Amplio, incluye ML, DL y otras técnicas	Subcampo de la IA	Subcampo de ML
Objetivo	Simular inteligencia humana	Aprender patrones a partir de datos	Resolver problemas complejos mediante redes neuronales
Requerimiento de Datos	Depende del sistema	Necesita datos estructurados para entrenar	Necesita grandes volúmenes de datos
Ejemplo de Aplicación	Asistentes virtuales	Sistemas de detección de fraudes	Reconocimiento facial
Recurso Computacional	Moderado	Moderado	Alto

Tabla 1.10: *Comparación entre la inteligencia artificial, el Machine Learning y el Deep Learning.*

La inteligencia artificial abarca una amplia gama de técnicas para simular la inteligencia humana. Dentro de ella, el machine learning se centra en entrenar sistemas para que aprendan de los datos, mientras que el deep learning lleva esta capacidad a otro nivel utilizando redes neuronales profundas para abordar problemas complejos.

Estas tecnologías trabajan en conjunto, cada una aportando un nivel de profundidad según las necesidades de la aplicación.

1.2.14 Herramientas de Inteligencia Artificial Accesibles

La inteligencia artificial no siempre requiere conocimientos técnicos avanzados para ser implementada en los negocios o el ámbito personal. Existen herramientas accesibles y fáciles de usar que permiten aprovechar las capacidades de la IA sin una experiencia técnica profunda:

- **ChatGPT:** *Herramienta de generación de texto basada en IA. Permite responder preguntas, crear contenido, redactar correos y más. Ideal para tareas relacionadas con la comunicación.*
- **Google Analytics:** *Plataforma para analizar datos web, identificar patrones de comportamiento de usuarios y optimizar estrategias de marketing digital.*

- **Tableau:** *Software de visualización de datos que utiliza IA para ayudar a las empresas a tomar decisiones basadas en datos.*
- **Zapier:** *Herramienta de automatización que conecta aplicaciones y simplifica procesos repetitivos.*
- **DALL-E:** *Plataforma para generar imágenes a partir de descripciones textuales.*
-

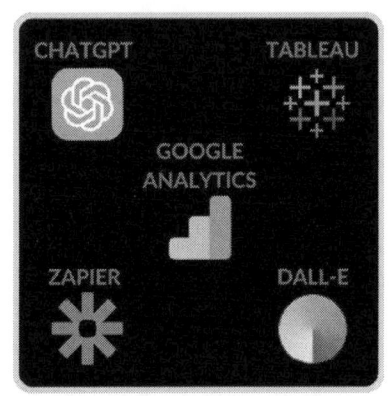

Imagen 1.13: *Logos de las Herramientas de Inteligencia Artificial Accesible.*

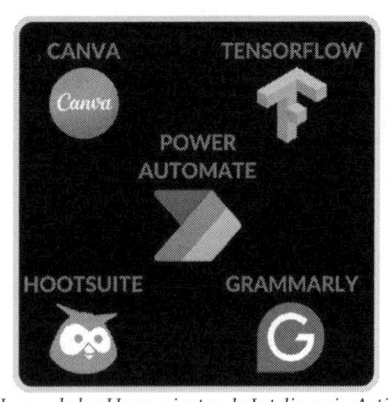

Imagen 1.14: *Logos de las Herramientas de Inteligencia Artificial Accesible.*

- **Canva:** *Diseño gráfico automatizado con sugerencias basadas en IA.*
- **TensorFlow:** *Biblioteca de aprendizaje automático accesible para entrenar modelos de IA.*

- **Power Automate:** *Plataforma de Microsoft para automatizar flujos de trabajo empresariales.*
- **Hootsuite:** *Plataforma de gestión de redes sociales con IA para programar publicaciones y analizar interacciones.*
- **Grammarly:** *Asistente de escritura que utiliza IA para sugerir mejoras en gramática, estilo y tono.*

1.3 Diferencias entre Inteligencia Artificial, Automatización y Robótica

Aunque la inteligencia artificial, la automatización y la robótica tienen diferencias claras, su verdadera fortaleza radica en cómo se integran para resolver problemas del mundo real. Entender estas diferencias y relaciones nos permite identificar oportunidades para aplicar estas tecnologías de manera efectiva en nuestras empresas, optimizando recursos y mejorando la eficiencia.

La inteligencia artificial, la automatización y la robótica son conceptos que a menudo se utilizan de manera intercambiable, pero que representan disciplinas distintas con propósitos y características específicas. Para comprender cómo se relacionan y se diferencian, es importante analizar sus definiciones, vínculos y casos de uso.

1.3.1 Inteligencia Artificial (IA):

- **Definición:** *Rama de la informática que busca crear sistemas capaces de simular la inteligencia humana mediante el aprendizaje, la resolución de problemas y la toma de decisiones.*
- **Objetivo:** *Dotar a las máquinas de capacidades cognitivas avanzadas.*
- **Ejemplo:** *Asistentes virtuales como Siri o Alexa, que responden preguntas y realizan tareas basadas en comandos de voz.*

1.3.2 Automatización:

- **Definición:** Uso de sistemas o procesos que funcionan automáticamente mediante reglas predefinidas, sin necesidad de intervención humana continua.
- **Objetivo:** Reducir el trabajo manual en tareas repetitivas y mejorar la eficiencia.
- **Ejemplo:** Líneas de ensamblaje en fábricas donde las máquinas realizan tareas como soldar o ensamblar piezas.

1.3.3 Robótica:

- **Definición:** Rama de la ingeniería que diseña, construye y opera robots, que son dispositivos físicos capaces de realizar tareas en el mundo real.
- **Objetivo:** Crear máquinas que interactúen con el entorno físico para realizar tareas específicas.
- **Ejemplo:** Un robot aspirador que limpia de forma autónoma.
-

1.3.4 Tabla Comparativa: Inteligencia Artificial, Automatización y Robótica

Aspecto	IA	Automatización	Robótica
Definición	Simulación de inteligencia humana en máquinas.	Ejecución automática de tareas predefinidas.	Creación de máquinas físicas para interactuar con el entorno.
Enfoque Principal	Toma de decisiones, aprendizaje y análisis.	Eficiencia y reducción de tareas manuales.	Ejecución de tareas físicas.
Relación con Datos	Depende de datos para entrenar modelos y tomar decisiones.	Usa reglas predefinidas, no siempre datos.	Puede incluir IA para procesar datos sensoriales.
Ejemplo Común	ChatGPT respondiendo preguntas.	Un sistema que programa correos masivos.	Un brazo robótico ensamblando productos.
Nivel de Adaptabilidad	Alto, aprende y mejora con el tiempo.	Bajo, sigue reglas rígidas.	Variable, dependiendo de si incluye IA.
Interacción con Humanos	Procesa lenguaje y datos humanos.	Interactúa indirectamente mediante sistemas automatizados.	Puede interactuar físicamente (e.g., robots colaborativos).

Tabla 1.11: *Comparación entre La inteligencia artificial, la automatización y la robótica.*

1.3.5 Relación entre Inteligencia Artificial, Automatización y Robótica

Aunque son disciplinas distintas, la IA, la automatización y la robótica se complementan y, a menudo, trabajan juntas en soluciones tecnológicas avanzadas:

Automatización + IA:

- *La automatización tradicional sigue reglas fijas, mientras que la IA permite a los sistemas adaptarse y aprender de los datos.*
- **Ejemplo:** *Un sistema de automatización que envía correos electrónicos masivos puede incorporar IA para personalizar los mensajes según el comportamiento del destinatario.*

Robótica + IA:

- *Los robots pueden ser programados con IA para tomar decisiones autónomas en tiempo real.*
- **Ejemplo:** *Un robot en un almacén que utiliza IA para identificar y mover productos según la demanda.*

Automatización + Robótica:

- *Los robots automatizan tareas físicas, mientras que los sistemas de automatización gestionan los flujos de trabajo en los que están involucrados.*
- **Ejemplo:** *Una fábrica donde los robots ensamblan productos y el sistema automatizado coordina el proceso completo.*

Combinación de las Tres:

- *En sistemas complejos, la IA analiza datos, la automatización organiza procesos y los robots ejecutan tareas físicas.*
- **Ejemplo:** *Vehículos autónomos que combinan sensores (robótica), algoritmos de IA para navegación y procesos automatizados para responder a situaciones del entorno.*

1.3.6 Casos Comparativos

Sector	Inteligencia Artificial	Automatización	Robótica
Agricultura	Plataformas que analizan datos meteorológicos y del suelo para optimizar las decisiones agrícolas.	Sistemas que controlan el riego de manera programada.	Robots que siembran y cosechan cultivos de manera autónoma.
Comercio	Algoritmos de recomendación que sugieren productos basados en el historial de compras del cliente.	Sistemas que envían correos electrónicos promocionales automáticamente.	Robots que reabastecen estantes en supermercados.
Educación	Plataformas de aprendizaje personalizado como Duolingo que adaptan las lecciones al nivel del estudiante.	Sistemas que califican exámenes de opción múltiple automáticamente.	Robots educativos que enseñan habilidades básicas de programación a los estudiantes.
Financiero	Modelos de detección de fraudes que analizan patrones de transacciones inusuales.	Sistemas que procesan pagos recurrentes automáticamente.	Cajeros automáticos que dispensan efectivo.
Manufacturera	Algoritmos de IA optimizan el proceso de producción al identificar cuellos de botella y ajustar la velocidad de las líneas.	Automatización: Una línea de ensamblaje utiliza brazos mecánicos para soldar componentes de manera repetitiva.	Los brazos mecánicos son robots diseñados para realizar tareas físicas específicas.
Marketing	Sistemas de análisis de sentimiento que interpretan las reacciones de los usuarios en redes sociales.	Herramientas que programan y publican contenido en redes sociales.	Drones que capturan imágenes aéreas para campañas publicitarias.
Salud	Herramientas de diagnóstico basadas en IA analizan imágenes médicas para detectar enfermedades.	Un sistema automatizado gestiona las citas médicas y envía recordatorios a los pacientes.	Un robot quirúrgico como Da Vinci asiste a los médicos en cirugías de alta precisión.
Transporte y Logística	Modelos predictivos que optimizan las rutas de entrega basándose en datos como el tráfico y el clima.	Sistemas que gestionan el seguimiento de envíos en tiempo real.	Vehículos autónomos que transportan paquetes dentro de un almacén.

Tabla 1.12: *Comparación de casos por sectores.*

1.4 ¿Por qué es importante la Inteligencia Artificial y su impacto en el mundo actual?

La Inteligencia Artificial se ha convertido en una tecnología central para transformar la forma en que vivimos, trabajamos y nos relacionamos. Su importancia radica en su capacidad para resolver problemas complejos de manera más eficiente, personalizada y a escala. Estos son algunos puntos clave sobre su relevancia:

Optimización de Procesos:
La IA permite automatizar tareas repetitivas y minimizar errores humanos, mejorando la productividad en industrias como la manufactura, la logística y los servicios financieros.

Toma de Decisiones Basada en Datos:
Con la capacidad de procesar grandes volúmenes de información en tiempo real, la IA facilita decisiones estratégicas más informadas en sectores como la salud y el comercio.

Innovación y Desarrollo:
La IA impulsa la creación de nuevos productos y servicios, desde dispositivos inteligentes hasta plataformas de aprendizaje personalizadas.

Accesibilidad y Personalización:
Herramientas de IA hacen posible ofrecer experiencias personalizadas a usuarios y clientes, desde recomendaciones de contenido hasta diagnósticos médicos adaptados.

Resolución de Problemas Globales:
La IA está contribuyendo a abordar desafíos como el cambio climático, la distribución de recursos y la educación inclusiva.

1.4.1 Estadísticas y cifras globales.

Las cifras actuales refuerzan la idea de que la IA es una tecnología en constante expansión con un impacto significativo en la economía global:

Proyecciones del Mercado:

La industria de la IA alcanzará un valor de \$500 mil millones para 2025, con un crecimiento anual compuesto (CAGR) del 17.5%.

Se espera que la IA contribuya con \$15.7 billones al PIB global para 2030, según PwC.

Adopción Empresarial:
El 80% de las empresas líderes ya implementan IA en sus operaciones para mejorar la eficiencia y la toma de decisiones.

Imagen 1.16: *Imagen creada por IA para representar estadísticas y cifras globales.*

El 30% de las empresas medianas y pequeñas también han comenzado a adoptar herramientas accesibles de IA.

Impacto Laboral:
El Foro Económico Mundial estima que la automatización podría crear 97 millones de nuevos empleos para 2025, aunque también transformará el 50% de las tareas laborales actuales.

Inversiones en IA:
Los startups de IA han recibido más de $70 mil millones en inversiones durante los últimos tres años, destacándose sectores como la salud, fintech y tecnologías verdes.

1.4.2 Transformaciones sociales, económicas y tecnológicas.

La IA está impactando de manera significativa las estructuras sociales, la economía global y los avances tecnológicos:

Transformaciones Sociales:

- **Educación:** *Plataformas de aprendizaje adaptativo como Duolingo o Khan Academy personalizan el contenido según las necesidades del usuario, democratizando el acceso al conocimiento.*
- **Salud:** *La IA está revolucionando los diagnósticos médicos, permitiendo detecciones tempranas de enfermedades como el cáncer a través de análisis de imágenes y datos genéticos.*
- **Interacciones Sociales:** *Los chatbots y asistentes virtuales han mejorado la comunicación y accesibilidad, especialmente para personas con discapacidades.*

Transformaciones Económicas:

- **Reducción de Costos Operativos:** *Empresas de logística, como Amazon, han optimizado la gestión de inventarios y la distribución mediante IA.*
- **Nuevos Modelos de Negocio:** *Sectores como el fintech han adoptado IA para análisis de riesgos, prevención de fraudes y optimización de inversiones.*
- **Productividad Empresarial:** *Herramientas como Tableau y Google Analytics permiten a las empresas analizar grandes volúmenes de datos y tomar decisiones en tiempo real.*

Transformaciones Tecnológicas:

- **Avances en Dispositivos Inteligentes:** *La integración de IA en dispositivos cotidianos, como relojes inteligentes y electrodomésticos, ha mejorado la calidad de vida y la eficiencia en el hogar.*

- **Conectividad Global:** *Tecnologías como 5G y Edge Computing potencian las capacidades de IA, permitiendo procesos más rápidos y seguros.*
- **Innovaciones en la Industria:** *En manufactura, la IA está impulsando la producción inteligente mediante sistemas que predicen fallos y optimizan la cadena de suministro.*

En resumen, la inteligencia artificial no solo está transformando la forma en que las empresas operan, sino también cómo las personas acceden a servicios, interactúan entre sí y enfrentan los desafíos globales. El futuro de la IA promete continuar revolucionando todos los aspectos de nuestra vida cotidiana y profesional.

1.5 Mitos y Realidades sobre la Inteligencia Artificial

La inteligencia artificial (IA) es un campo lleno de potencial, pero también rodeado de muchas ideas erróneas y exageraciones. Comprender los mitos comunes y contrastarlos con las realidades es esencial para aprovechar al máximo sus beneficios sin caer en malentendidos.

Imagen 1.17: *Imagen creada por IA para representar los mitos y realidades sobre la Inteligencia Artificial.*

Mito 1: La IA reemplazará completamente a los humanos en el trabajo.

- **Realidad:** *Si bien la IA puede automatizar tareas repetitivas y aumentar la eficiencia, no está diseñada para reemplazar completamente a los humanos. La IA complementa las habilidades humanas, permitiendo que las personas se concentren en tareas más estratégicas y creativas.*
- **Ejemplo:** *En el sector de la salud, los sistemas de IA ayudan a los médicos a analizar imágenes médicas más rápidamente, pero la interpretación final y la interacción con los pacientes siguen siendo responsabilidad de los profesionales de la salud.*

Mito 2: La IA es completamente autónoma e independiente.

- **Realidad:** *La IA depende en gran medida de la programación, los datos y los objetivos definidos por los humanos. Los sistemas de IA solo pueden funcionar dentro de los límites establecidos por sus desarrolladores.*
- **Ejemplo:** *Un asistente virtual como Alexa no "piensa" ni "entiende" de manera autónoma; simplemente responde a comandos predefinidos y aprende patrones a partir de las interacciones.*

Mito 3: La IA es infalible.

- **Realidad:** *Los sistemas de IA pueden cometer errores, especialmente si los datos de entrenamiento son incompletos o sesgados. La precisión de la IA depende de la calidad de los datos y la configuración del modelo.*
- **Ejemplo:** *En 2016, un sistema de reconocimiento facial mostró sesgos raciales porque había sido entrenado mayoritariamente con datos de personas caucásicas, demostrando la importancia de la diversidad en los datos.*

Mito 4: La IA tiene conciencia propia.

- **Realidad:** *La IA no tiene emociones, conciencia ni intención. Es una herramienta basada en algoritmos y datos, sin capacidad de experimentar sentimientos o desarrollar motivaciones.*
- **Ejemplo:** *Aunque sistemas como ChatGPT pueden generar respuestas complejas, no tienen percepción de lo que están "diciendo"; solo analizan patrones en los datos proporcionados.*

Mito 5: La IA solo está disponible para grandes empresas y expertos.

- **Realidad:** *Hoy en día, muchas herramientas de IA accesibles permiten a pequeñas empresas y usuarios individuales integrar esta tecnología en sus actividades. Desde aplicaciones para la gestión de redes sociales hasta software de análisis de datos, la IA está al alcance de casi todos.*
- **Ejemplo:** *Herramientas como Canva utilizan IA para facilitar el diseño gráfico incluso para quienes no tienen experiencia en el campo.*

Mito 6: La IA no es segura y podría ser usada en nuestra contra.

- **Realidad:** *Aunque existen riesgos asociados con la IA, como los deepfakes o el mal uso de los datos, también hay regulaciones y buenas prácticas para mitigar estos problemas. La seguridad depende de una implementación responsable y un monitoreo adecuado.*
- **Ejemplo:** *Las empresas pueden adoptar principios de ética en IA y cumplir con normativas como el Reglamento General de Protección de Datos (GDPR) para garantizar la privacidad y la seguridad de los usuarios.*

Mito 7: La IA siempre es costosa y complicada de implementar.

- **Realidad:** *Aunque los proyectos avanzados de IA pueden requerir inversiones significativas, hay herramientas accesibles y*

de bajo costo disponibles para empresas pequeñas y medianas. Muchas soluciones no requieren programación avanzada ni equipos costosos.
- **Ejemplo:** *Plataformas como Zapier o Google Analytics permiten a los negocios automatizar procesos y analizar datos sin grandes inversiones.*

Mito 8: La IA remplaza la creatividad humana.

- **Realidad:** *La IA puede ayudar a generar ideas y contenido, pero no reemplaza la creatividad humana. Las máquinas no pueden comprender contextos culturales o emocionales profundos como los seres humanos.*
- **Ejemplo:** *Herramientas como ChatGPT pueden generar borradores de escritura, pero el estilo y la narrativa final siguen dependiendo de la creatividad humana.*

Mito 9: La IA puede resolver cualquier problema.

- **Realidad:** *La IA no es una solución universal. Es eficaz en tareas específicas como la predicción de tendencias o el análisis de datos, pero tiene limitaciones cuando se enfrenta a problemas no estructurados o con datos insuficientes.*
- **Ejemplo:** *Un sistema de IA para predecir ventas no funcionará correctamente si los datos de ventas históricas son incompletos o poco representativos.*

Mito 10: Los sistemas de IA pueden aprender y evolucionar sin intervención humana.

- **Realidad:** *Aunque los sistemas de IA pueden mejorar con el tiempo mediante el aprendizaje automático, necesitan supervisión humana para garantizar su precisión y relevancia. Los datos deben ser actualizados y los modelos ajustados periódicamente.*
- **Ejemplo:** *Los sistemas de recomendación de plataformas como Netflix deben actualizar sus modelos para adaptarse a nuevos patrones de consumo de los usuarios.*

Distinguir entre los mitos y las realidades de la inteligencia artificial es clave para desmitificar esta tecnología y fomentar su adopción de manera informada y responsable. La IA no es una amenaza ni una solución mágica; es una herramienta poderosa que, bien utilizada, puede transformar industrias y mejorar la calidad de vida.

1.6 Ejemplos Prácticos de Transformación por la Inteligencia Artificial

La inteligencia artificial (IA) ha transformado numerosos sectores al permitir automatización, análisis de datos avanzado y toma de decisiones más rápida y precisa. A continuación, exploramos su impacto en diversas industrias junto con casos de éxito y aplicaciones reales que destacan su potencial.

1.6.1 Impacto en la Salud

La IA está revolucionando el sector de la salud mediante la mejora en diagnósticos, tratamientos personalizados y eficiencia operativa.

Caso de Éxito 1: Diagnóstico de Enfermedades con IA

- **Aplicación:** *Herramientas como Watson Health de IBM analizan grandes volúmenes de datos médicos para ayudar a los médicos a diagnosticar enfermedades complejas como el cáncer.*
- **Beneficio:** *Reducción de errores en diagnósticos y detección temprana de enfermedades, aumentando las tasas de supervivencia.*

Caso de Éxito 2: Monitorización de Pacientes en Tiempo Real

- **Aplicación:** *Dispositivos como smartwatches utilizan IA para monitorizar signos vitales y alertar sobre anomalías, como ritmos cardíacos irregulares.*

- **Beneficio:** *Mejora de la atención preventiva y reducción de hospitalizaciones innecesarias.*

1.6.2 Impacto en la Educación

La IA está personalizando la experiencia educativa, haciendo que el aprendizaje sea más inclusivo y eficiente.

Caso de Éxito 1: Plataformas de Aprendizaje Adaptativo

- **Aplicación:** *Herramientas como Duolingo utilizan IA para adaptar las lecciones al nivel y ritmo de cada estudiante.*
- **Beneficio:** *Aumento en la retención de conocimientos y experiencia personalizada para los usuarios.*

Caso de Éxito 2: Asistencia Educativa Automatizada

- **Aplicación:** *Chatbots educativos responden preguntas comunes de los estudiantes, liberando tiempo para los profesores.*
- **Beneficio:** *Mejora en la eficiencia administrativa y acceso rápido a respuestas para los estudiantes.*

1.6.3 Impacto en el Comercio

La IA está transformando el comercio a través de la personalización y la optimización de operaciones.

Caso de Éxito 1: Recomendaciones de Productos

- **Aplicación:** *Amazon utiliza algoritmos de IA para sugerir productos basados en el historial de búsqueda y compra del cliente.*
- **Beneficio:** *Aumento en las tasas de conversión y satisfacción del cliente.*

Caso de Éxito 2: Gestión de Inventarios

- **Aplicación:** *Walmart emplea IA para predecir la demanda y ajustar los niveles de inventario en tiempo real.*
- **Beneficio:** *Reducción de costos operativos y mejora en la disponibilidad de productos.*

1.6.4 Impacto en el Marketing

El marketing basado en IA permite campañas más efectivas y un análisis profundo del comportamiento del consumidor.

Caso de Éxito 1: Publicidad Personalizada

- **Aplicación:** *Google Ads utiliza IA para mostrar anuncios dirigidos en función de las preferencias y el comportamiento del usuario.*
- **Beneficio:** *Mayor retorno de inversión (ROI) en campañas publicitarias.*

Caso de Éxito 2: Análisis de Sentimientos

- **Aplicación:** *Herramientas como Brandwatch analizan menciones en redes sociales para medir la percepción de la marca.*
- **Beneficio:** *Identificación de oportunidades y riesgos para mejorar la estrategia de marca.*

1.6.5 Impacto en la Manufactura

La IA optimiza procesos y mejora la calidad en la producción industrial.

Caso de Éxito 1: Mantenimiento Predictivo

- **Aplicación:** *Siemens utiliza IA para anticipar fallos en equipos antes de que ocurran.*

- **Beneficio:** *Reducción de tiempos de inactividad y ahorro en costos de mantenimiento.*

Caso de Éxito 2: Inspección Automatizada de Calidad

- **Aplicación:** *Sistemas de visión por computadora identifican defectos en productos durante el proceso de ensamblaje.*
- **Beneficio:** *Mejora en la calidad del producto y reducción de devoluciones.*

1.6.6 Impacto en el Transporte y Logística

La IA está impulsando la eficiencia y la seguridad en el transporte.

Caso de Éxito 1: Vehículos Autónomos

- **Aplicación:** *Tesla utiliza IA para permitir la conducción autónoma en sus vehículos.*
- **Beneficio:** *Reducción de accidentes y optimización de rutas.*

Caso de Éxito 2: Logística Inteligente

- **Aplicación:** *DHL emplea IA para optimizar rutas de entrega y tiempos de transporte.*
- **Beneficio:** *Reducción de costos logísticos y mejora en la puntualidad de las entregas.*

1.6.7 Impacto en la Agricultura

La IA está modernizando la agricultura mediante soluciones basadas en datos.

Caso de Éxito 1: Detección de Enfermedades en Cultivos

- **Aplicación:** *Plataformas como Plantix utilizan visión por computadora para identificar plagas y enfermedades en cultivos.*
- **Beneficio:** *Incremento en los rendimientos agrícolas y reducción de pérdidas.*

Caso de Éxito 2: Agricultura de Precisión

- **Aplicación:** *John Deere integra sensores y IA para ajustar la siembra y el riego según las condiciones del suelo.*
- **Beneficio:** *Optimización en el uso de recursos y mejora en la sostenibilidad.*

1.6.8 Impacto en el Sector Financiero

La IA mejora la seguridad, la eficiencia y la personalización en los servicios financieros.

Caso de Éxito 1: Prevención de Fraudes

- **Aplicación:** *PayPal utiliza algoritmos de IA para detectar actividades fraudulentas en tiempo real.*
- **Beneficio:** *Reducción significativa de pérdidas por fraude.*

Caso de Éxito 2: Asesoramiento Financiero Automatizado

- **Aplicación:** *Robo-advisors como Betterment analizan datos para ofrecer recomendaciones de inversión personalizadas.*
- **Beneficio:** *Acceso democratizado a asesoramiento financiero de calidad.*

Estos ejemplos demuestran cómo la IA está transformando industrias clave, mejorando la eficiencia, la precisión y la experiencia del usuario. Al implementar soluciones basadas en IA, las empresas pueden innovar y mantenerse competitivas en un mercado en constante evolución.

1.7 Resumen de los fundamentos básicos de la Inteligencia Artificial

La inteligencia artificial (IA) ha transformado radicalmente la manera en que las empresas y la sociedad operan. En este capítulo, se exploraron los conceptos fundamentales de la IA, desde su definición hasta su impacto en diferentes industrias. Se abordaron las diferencias clave entre inteligencia artificial, aprendizaje automático (machine learning) y aprendizaje profundo (deep learning), proporcionando una base clara para comprender su funcionamiento y aplicaciones.

También se analizaron los mitos y realidades sobre la IA, desmitificando temores comunes y destacando sus verdaderos alcances y limitaciones. A través de ejemplos prácticos, se evidenció cómo la IA está impulsando innovaciones en sectores como la salud, educación, comercio, manufactura y transporte, optimizando procesos y mejorando la toma de decisiones.

Además, se introdujeron herramientas accesibles de IA, demostrando que no es necesario ser un experto en programación para beneficiarse de sus capacidades. Se enfatizó la importancia de la ética en el desarrollo de la inteligencia artificial, garantizando su uso responsable y alineado con valores humanos.

La inteligencia artificial ya no es el futuro, es el presente. Ahora que conoces sus fundamentos, es momento de explorar sus aplicaciones en tu vida profesional y empresarial. Toma acción ahora:

- **Reflexiona sobre cómo la IA puede mejorar tu entorno laboral.** *Identifica tareas repetitivas o procesos que podrían optimizarse con herramientas de IA.*
- **Prueba herramientas de IA accesibles.** *Experimenta con asistentes virtuales, automatización de tareas y análisis predictivo para potenciar tu productividad.*
- **Aprende continuamente.** *La inteligencia artificial evoluciona rápidamente; mantenerse informado te dará una ventaja competitiva en cualquier sector.*

- **Comparte tu conocimiento.** *Conversa con colegas y compañeros sobre lo aprendido en este capítulo y discute posibles aplicaciones en tu entorno laboral.*

La IA está redefiniendo la forma en que trabajamos e interactuamos con la tecnología. No te quedes atrás, conviértete en un protagonista de esta transformación digital.

Preguntas de reflexión para el cierre del capítulo:

- ¿Qué herramientas de IA han utilizado en su día a día sin darse cuenta?
- ¿Cómo creen que la IA está transformando su industria o profesión?
- ¿Qué aspecto de la IA les genera más curiosidad o preocupación?
- ¿Qué aplicación de la IA creen que tendrá mayor impacto en el futuro?
- ¿Cuál fue el concepto más interesante que aprendiste en este capítulo sobre la IA?
- ¿Qué mito sobre la IA tenías antes de leer el libro y qué has aprendido al respecto?
- Si pudieras aplicar la IA en tu trabajo o negocio, ¿cómo lo harías?
- En tu opinión, ¿qué precauciones deberían tomarse al implementar IA en las empresas?

La IA ya está revolucionando el mundo. No te quedes atrás, sé parte del cambio y empieza a aplicar sus principios en tu día a día.

CAPÍTULO II

BENEFICIOS DE LA INTELIGENCIA ARTIFICIAL EN LOS NEGOCIOS

Capitulo II
Beneficios de la Inteligencia Artificial en los Negocios

La Inteligencia Artificial (IA) ha dejado de ser una tecnología exclusiva de las grandes corporaciones para convertirse en una herramienta accesible y transformadora para empresas de todos los tamaños. Su implementación permite a las organizaciones optimizar procesos, reducir costos, mejorar la toma de decisiones y ofrecer experiencias más personalizadas a los clientes. En este capítulo, exploraremos cómo la IA está revolucionando el mundo empresarial y por qué su adopción es clave para la competitividad en la era digital.

Desde la automatización de tareas rutinarias hasta la creación de estrategias de marketing más precisas, la IA se ha convertido en un aliado estratégico para mejorar la eficiencia operativa y la rentabilidad de los negocios. Además, su capacidad para analizar grandes volúmenes de datos en tiempo real permite tomar decisiones fundamentadas, minimizando riesgos e identificando oportunidades de crecimiento.

La clave para entender el verdadero impacto de la IA radica en su capacidad para procesar grandes cantidades de datos en tiempo real, identificar patrones y aprender de manera autónoma. Esto no solo mejora los resultados, sino que también libera tiempo y recursos humanos para tareas estratégicas.

Para iniciar esta sección, queremos que reflexionen sobre la siguiente pregunta:

"¿Qué áreas de tu negocio podrían beneficiarse más de una tecnología que analiza datos, automatiza procesos y mejora la toma de decisiones?"

Tómense un momento para pensar en esta pregunta, ya que establecer este contexto ayudará a identificar oportunidades concretas para implementar la IA de manera efectiva.

El contexto actual es ideal para la adopción de la IA en los negocios debido a varios factores clave:

- **Acceso a Grandes Volúmenes de Datos:** *Con la digitalización, las empresas están generando más datos que nunca. Desde interacciones con clientes hasta operaciones internas, la IA puede convertir estos datos en insights valiosos.*
- **Avances Tecnológicos:** *Las herramientas y plataformas de IA son cada vez más accesibles, lo que permite a empresas de todos los tamaños adoptar esta tecnología sin la necesidad de grandes inversiones.*
- **Competencia y Diferenciación:** *En un mercado competitivo, la IA puede ser la ventaja estratégica que permita a las empresas destacarse. Desde personalizar la experiencia del cliente hasta optimizar cadenas de suministro, quienes adopten esta tecnología tendrán una posición de liderazgo.*
- **Tendencias Globales:** *Estudios indican que el 80% de las empresas líderes ya están utilizando IA en algún nivel. Este movimiento no solo define estándares competitivos, sino que también está remodelando la forma en que operan las industrias a nivel global.*
- **Aumento de la Demanda de Experiencias Personalizadas:** *Los clientes esperan interacciones rápidas, precisas y personalizadas. La IA permite cumplir con estas expectativas al anticiparse a las necesidades de los usuarios y mejorar su experiencia.*

La IA no es solo una herramienta tecnológica; es un cambio de paradigma que redefine cómo las empresas interactúan con sus datos, sus clientes y sus equipos. *A medida que avancemos en este capítulo, exploraremos ejemplos específicos y casos de éxito que ilustran cómo la IA puede integrarse en distintos ámbitos de negocio para maximizar resultados.*

¡Estemos atentos a las oportunidades y descubramos juntos el potencial transformador de esta tecnología!

2.1 Optimización de Procesos Internos con Inteligencia Artificial

La inteligencia artificial (IA) está cambiando la forma en que las empresas gestionan sus operaciones internas, permitiendo no solo automatizar tareas repetitivas, sino también identificar cuellos de botella, optimizar recursos y mejorar la toma de decisiones. En esta sección, exploraremos cómo la IA puede transformar los procesos internos de una organización, respaldados por ejemplos reales y resultados tangibles.

2.1.1 ¿Cómo la Inteligencia Artificial Optimiza Procesos?

La optimización de procesos internos mediante la IA se basa en su capacidad para:

- **Automatizar Tareas Repetitivas:** *Procesos como la entrada de datos, la generación de informes y la gestión de inventarios pueden ser manejados por sistemas de IA, reduciendo errores y liberando tiempo para tareas más estratégicas.*
- **Análisis Predictivo:** *La IA puede prever tendencias y comportamientos, ayudando a las empresas a tomar decisiones informadas sobre producción, distribución y asignación de recursos.*
- **Optimización de Recursos Humanos:** *Herramientas de IA pueden ayudar a identificar patrones en el desempeño del personal, mejorar la gestión de horarios y predecir necesidades de capacitación.*
- **Monitoreo y Mantenimiento Predictivo:** *En industrias como la manufactura, la IA puede monitorear el estado de las máquinas*

en tiempo real, anticipando fallos antes de que ocurran y evitando tiempos de inactividad costosos.
- **Automatización de Flujos de Trabajo:** *Desde la gestión de proyectos hasta la supervisión de operaciones, la IA puede integrar y coordinar sistemas complejos para garantizar un funcionamiento eficiente.*
-

Imagen 2.1: *Imagen creada por IA para representar la optimización de procesos internos.*

2.1.2 Ejemplos Reales

Gestión de Inventarios con IA

- **Caso:** *Walmart utiliza IA para optimizar su cadena de suministro y gestionar inventarios en tiempo real.*
- **Resultado:** *Reducción de desperdicios y mejora en la disponibilidad de productos en estantes.*

Mantenimiento Predictivo en Manufactura

- **Caso:** *Siemens emplea IA para monitorear el estado de sus equipos industriales.*
- **Resultado:** *Disminución del tiempo de inactividad y ahorro en costos de reparación.*

Optimización en Recursos Humanos

- **Caso:** *IBM utiliza herramientas de IA para analizar las métricas de desempeño de sus empleados y predecir la rotación de personal.*
- **Resultado:** *Mejora en la retención de talento y en la planificación de recursos humanos.*

Automatización de Atención al Cliente

- **Caso:** *Empresas como Zendesk integran IA en sus sistemas de atención al cliente para gestionar consultas comunes mediante chatbots.*
- **Resultado:** *Reducción del tiempo de respuesta y mejora en la satisfacción del cliente.*

2.1.3 Resultados Tangibles

Los beneficios de implementar IA para optimizar procesos internos son evidentes y cuantificables:

Reducción de Costos

- *Al automatizar tareas y mejorar la eficiencia operativa, las empresas ahorran tiempo y recursos económicos.*
- **Ejemplo:** *Una empresa de logística que usa IA para optimizar rutas de entrega puede ahorrar hasta un 20% en costos de transporte.*

Incremento de la Productividad

- *Al liberar a los empleados de tareas repetitivas, se enfocan en actividades estratégicas que aportan mayor valor al negocio.*
- **Ejemplo:** *Una firma de consultoría que automatiza la generación de informes mensuales aumenta un 30% su tiempo disponible para análisis detallados.*

Mejora en la Toma de Decisiones

- *La IA proporciona información en tiempo real y análisis precisos que permiten decisiones más rápidas y efectivas.*
- **Ejemplo:** *Una empresa que utiliza IA para analizar patrones de ventas puede ajustar rápidamente sus estrategias para maximizar ingresos.*

Mayor Satisfacción del Cliente

- *Los procesos internos optimizados se traducen en tiempos de respuesta más rápidos y servicios de mayor calidad.*
- **Ejemplo:** *Un minorista que reduce errores en la gestión de inventarios asegura la disponibilidad de productos y mejora la experiencia del cliente.*

La optimización de procesos internos no solo mejora la eficiencia operativa, sino que también prepara a las empresas para enfrentar los desafíos de un entorno competitivo en constante cambio. Adoptar la IA como aliado estratégico permite identificar oportunidades, responder con agilidad y establecer bases sólidas para el crecimiento sostenible.

2.2 Reducción de Costos y Aumento de la Eficiencia

La inteligencia artificial (IA) es una herramienta poderosa que no solo transforma la forma en que las empresas operan, sino que también genera importantes beneficios económicos al reducir costos y aumentar la eficiencia en múltiples áreas. Este punto analiza cómo la IA logra estos objetivos, respaldado por ejemplos prácticos y resultados medibles.

Imagen 2.2: *Imagen creada por IA para representar la reducción de costos y aumento de la eficiencia.*

2.2.1 Impacto Económico

La implementación de IA tiene un impacto económico directo en las empresas al:

Automatizar Procesos
- *La IA reduce la dependencia de tareas manuales y repetitivas, optimizando recursos humanos y tecnológicos.*
- **Ejemplo:** *En empresas de manufactura, la IA reemplaza tareas repetitivas realizadas manualmente, reduciendo costos operativos.*

Mejorar la Eficiencia Operativa:

- *Mediante análisis de datos en tiempo real, la IA optimiza la asignación de recursos, minimizando desperdicios y aumentando la productividad.*
- **Ejemplo:** *Un sistema de gestión de energía basado en IA ajusta el uso de electricidad según las necesidades, disminuyendo costos energéticos.*

Reducir Errores:

- *Al eliminar errores humanos en tareas críticas, la IA minimiza pérdidas financieras y aumenta la precisión.*

- **Ejemplo:** *Los algoritmos de IA en finanzas detectan y corrigen errores en transacciones automáticamente.*

Anticipar Necesidades y Riesgos:

- *La IA predice posibles problemas, lo que permite a las empresas tomar medidas preventivas y ahorrar costos a largo plazo.*
- **Ejemplo:** *En el sector de seguros, la IA analiza riesgos con mayor precisión, optimizando las pólizas y reduciendo reclamaciones.*

2.2.2 Ejemplos Reales

Optimización de la Cadena de Suministro en Amazon

- **Aplicación:** *Amazon utiliza IA para predecir la demanda de productos, optimizar el inventario y automatizar la logística.*
- **Resultado:** *Reducción significativa de costos operativos y tiempos de entrega más rápidos, aumentando la satisfacción del cliente.*

Análisis Predictivo en el Sector Energético

- **Aplicación:** *Empresas energéticas como Enel usan IA para predecir el consumo de energía y ajustar la producción en tiempo real.*
- **Resultado:** *Reducción del desperdicio energético y ahorro de millones en costos de generación.*

Automatización de Procesos Bancarios en JPMorgan

- **Aplicación:** *JPMorgan emplea IA para revisar contratos legales a través de su plataforma COiN (Contract Intelligence).*
- **Resultado:** *Procesos que antes tomaban 360,000 horas manuales ahora se completan en segundos, reduciendo costos y aumentando la precisión.*

Gestión de Recursos Humanos en Unilever

- **Aplicación:** *Unilever utiliza IA en el proceso de reclutamiento para analizar currículums y realizar entrevistas preliminares mediante chatbots.*
- **Resultado:** *Ahorro de tiempo y recursos, acelerando el proceso de contratación sin comprometer la calidad de las evaluaciones.*

2.2.3 Resultados Tangible

La implementación de IA ha demostrado generar beneficios económicos claros y medibles en diversos sectores:

Ahorro en Costos Operativos

- **Impacto:** *Empresas han reducido hasta un 30% sus costos operativos al automatizar procesos.*
- **Ejemplo:** *Un retailer que adopta IA para gestionar inventarios minimiza el exceso de stock y las roturas, ahorrando miles de dólares.*

Aumento en la Productividad

- **Impacto:** *Las empresas que integran IA en sus procesos internos reportan un incremento promedio del 40% en la productividad.*
- **Ejemplo:** *Un centro de atención al cliente que utiliza chatbots reduce el tiempo de resolución por consulta, manejando más casos con menos recursos.*

Reducción de Tiempos de Inactividad

- **Impacto:** *La IA en mantenimiento predictivo reduce tiempos de inactividad no planificados en un 20%.*
- **Ejemplo:** *Un fabricante de automóviles evita interrupciones en la producción gracias a sistemas de IA que anticipan fallos en las máquinas.*

Retorno de Inversión (ROI)

- **Impacto:** *Según estudios, el ROI promedio de proyectos de IA bien implementados supera el 150% en el primer año.*
- **Ejemplo:** *Empresas que adoptan plataformas de IA para marketing personalizado ven un aumento significativo en sus ingresos por cliente.*

La reducción de costos y el aumento de la eficiencia son solo la punta del iceberg cuando se trata de los beneficios económicos de la IA. Las empresas que invierten en esta tecnología no solo ahorran, sino que también posicionan su negocio para el futuro, con una estructura más ágil y adaptable a los cambios del mercado. En las próximas secciones, exploraremos cómo estos beneficios pueden traducirse en una mejor experiencia para el cliente y un mayor impacto estratégico para las organizaciones.

2.3 Mejoras en la Experiencia del Cliente

La inteligencia artificial (IA) está revolucionando la forma en que las empresas interactúan con sus clientes, permitiendo personalizar experiencias, anticipar necesidades y ofrecer soluciones más rápidas y precisas. En este punto, exploraremos cómo la IA mejora significativamente la experiencia del cliente, con ejemplos reales y resultados tangibles que evidencian su impacto.

2.3.1 ¿Cómo la Inteligencia Artificial Impacta al Cliente?

La Inteligencia Artificial transforma la experiencia del cliente de múltiples maneras, entre ellas:

Personalización a Gran Escala

- *Mediante el análisis de datos, la IA permite ofrecer recomendaciones y contenido adaptados a las preferencias individuales de cada cliente.*
- **Ejemplo:** *Plataformas de streaming como Netflix utilizan algoritmos de IA para sugerir películas y series según el historial de visualización de cada usuario.*

Imagen 2.3: Imagen creada por IA para representar el análisis de las mejoras en la experiencia de los clientes.

Interacción en Tiempo Real

- *Los asistentes virtuales y chatbots basados en IA están disponibles 24/7, respondiendo preguntas y resolviendo problemas de forma inmediata.*
- **Ejemplo:** *Chatbots en sitios web de e-commerce que asisten a los clientes durante el proceso de compra.*

Anticipación de Necesidades

- *La IA puede prever comportamientos y necesidades del cliente, permitiendo a las empresas actuar antes de que surja una solicitud.*
- **Ejemplo:** *Aplicaciones bancarias que envían alertas sobre patrones inusuales en las cuentas de los clientes.*

Simplificación del Proceso de Compra

- La IA elimina fricciones en el proceso de compra al optimizar las búsquedas y sugerir productos o servicios adecuados.
- **Ejemplo:** *Motores de búsqueda de tiendas en línea que muestran resultados relevantes basados en palabras clave y comportamientos anteriores.*

Optimización del Servicio Postventa

- *Herramientas de IA analizan feedback de los clientes para identificar áreas de mejora en productos o servicios.*
- **Ejemplo:** *Análisis de reseñas en tiempo real para detectar problemas recurrentes y solucionarlos rápidamente.*

2.3.2 Ejemplos Reales

Recomendaciones Personalizadas en Amazon

- **Aplicación:** *Amazon utiliza IA para analizar los hábitos de compra de los clientes y sugerir productos complementarios.*
- **Resultado:** *Aumento en la satisfacción del cliente y en las ventas cruzadas.*

Atención al Cliente con IA en Sephora

- **Aplicación:** *Sephora emplea chatbots que ofrecen consejos de belleza personalizados basados en las preferencias del usuario.*
- **Resultado:** *Mejora en la interacción con el cliente y aumento en la fidelidad hacia la marca.*

Mejoras en la Experiencia Bancaria en BBVA

- **Aplicación:** *BBVA utiliza asistentes virtuales que analizan patrones de gasto para ofrecer recomendaciones financieras personalizadas.*

- **Resultado:** *Los clientes gestionan mejor sus finanzas y perciben un servicio más valioso.*

Optimización de Rutas de Entrega en FedEx

- **Aplicación:** *Algoritmos de IA optimizan las rutas de entrega según el tráfico y las condiciones climáticas.*
- **Resultado:** *Entregas más rápidas y satisfacción de los clientes.*

Detección de Sentimientos en Redes Sociales por Coca-Cola

- **Aplicación:** *Coca-Cola analiza comentarios en redes sociales para medir la percepción de sus campañas publicitarias en tiempo real.*
- **Resultado:** *Ajustes rápidos en las estrategias de marketing según el feedback recibido.*

2.3.3 Resultados Tangibles

Los resultados de implementar IA para mejorar la experiencia del cliente son evidentes y cuantificables:

Incremento en la Satisfacción del Cliente

- **Impacto:** *Empresas que personalizan experiencias basadas en IA reportan un aumento promedio del 20% en la satisfacción del cliente.*
- **Ejemplo:** *Un retailer que utiliza IA para enviar promociones personalizadas ve un incremento en las tasas de conversión.*

Reducción de Tiempos de Respuesta

- **Impacto:** *Los chatbots basados en IA reducen los tiempos de respuesta hasta en un 50%, mejorando la percepción del servicio.*
- **Ejemplo:** *Un e-commerce que responde consultas en segundos asegura una experiencia de compra fluida.*

Aumento en las Ventas

- **Impacto:** *Las recomendaciones personalizadas impulsadas por IA generan un incremento promedio del 15% en las ventas.*
- **Ejemplo:** *Plataformas de streaming que sugieren contenido relevante logran mayor retención de usuarios.*

Fidelización del Cliente

- **Impacto:** *Los clientes perciben un valor añadido al recibir servicios personalizados, lo que fortalece la relación con la marca.*
- **Ejemplo:** *Bancos que ofrecen asesoramiento financiero personalizado reportan una mayor retención de clientes.*

La experiencia del cliente es un factor clave para la competitividad empresarial, y la IA se ha convertido en un pilar fundamental para ofrecer servicios excepcionales. Al adoptar estas tecnologías, las empresas no solo mejoran su relación con los clientes, sino que también construyen una ventaja competitiva sostenible. En las próximas secciones, veremos cómo integrar estas estrategias con otras áreas del negocio para maximizar su impacto.

2.4 Casos de Éxito de la Inteligencia Artificial en Diferentes Industrias

La inteligencia artificial (IA) está impulsando transformaciones significativas en una variedad de industrias, proporcionando soluciones innovadoras, optimizando procesos y generando resultados impresionantes. A continuación, exploramos tres casos de éxito en cada sector, destacando los resultados clave que demuestran el impacto de la IA.

2.4.1 Sector Salud

Imagen 2.4: *Imagen creada por IA para representar casos de éxito de la Inteligencia Artificial en el sector Salud.*

Diagnóstico de Cáncer con IA

- **Aplicación:** *Sistemas como Watson Health de IBM analizan imágenes médicas para identificar células cancerígenas en etapas tempranas.*
- **Resultado:** *Incremento en la precisión de los diagnósticos hasta en un 90% y reducción de tiempos en evaluaciones clínicas.*

Gestión de Recursos Hospitalarios

- **Aplicación:** *Hospitales utilizan IA para predecir picos de ocupación y gestionar camas y personal de manera eficiente.*
- **Resultado:** *Reducción del tiempo de espera de los pacientes en emergencias en un 30%.*

Medicina Personalizada

- **Aplicación:** *Plataformas de IA analizan el genoma del paciente para diseñar tratamientos personalizados contra enfermedades complejas.*
- **Resultado:** *Mejora en las tasas de recuperación y reducción de efectos secundarios.*

2.4.2 Sector Educación

Imagen 2.5: *Imagen creada por IA para representar casos de éxito de la Inteligencia Artificial en el sector Educación.*

Aprendizaje Adaptativo

- **Aplicación:** *Duolingo y plataformas similares utilizan IA para adaptar el contenido al ritmo y nivel de cada estudiante.*
- **Resultado:** *Incremento del 20% en la retención de conocimiento por parte de los estudiantes.*

Automatización de Evaluaciones

- **Aplicación:** *Sistemas que califican automáticamente exámenes y tareas, liberando tiempo para los profesores.*
- **Resultado:** *Reducción del 50% en el tiempo dedicado a tareas administrativas.*

Asistencia Virtual

- **Aplicación:** *Chatbots educativos responden preguntas frecuentes de estudiantes y gestionan inscripciones.*
- **Resultado:** *Mejora en la satisfacción estudiantil y mayor eficiencia administrativa.*

2.4.3 Sector Comercio

Imagen 2.6: *Imagen creada por IA para representar casos de éxito de la Inteligencia Artificial en el sector Comercio.*

Recomendaciones Personalizadas

- **Aplicación:** *Amazon utiliza IA para sugerir productos basados en el historial de búsqueda y compras del cliente.*
- **Resultado:** *Incremento del 35% en las ventas a través de recomendaciones.*

Gestión de Inventarios

- **Aplicación:** *Walmart emplea IA para prever la demanda y ajustar niveles de inventario en tiempo real.*
- **Resultado:** *Reducción del 20% en costos de almacenamiento y mejora en la disponibilidad de productos.*

Atención al Cliente

- **Aplicación:** *Chatbots gestionan consultas y procesan devoluciones automáticamente en plataformas como eBay.*
- **Resultado:** *Incremento en la satisfacción del cliente al reducir los tiempos de espera.*

2.4.4 Sector Marketing

Imagen 2.7: *Imagen creada por IA para representar casos de éxito de la Inteligencia Artificial en el sector Marketing.*

Publicidad Dirigida

- **Aplicación:** *Google Ads utiliza IA para mostrar anuncios basados en intereses y comportamientos de los usuarios.*
- **Resultado:** *Aumento del 40% en el retorno de inversión publicitaria (ROI).*

Análisis de Sentimientos

- **Aplicación:** *Herramientas como Brandwatch analizan redes sociales para identificar cómo los clientes perciben una marca.*
- **Resultado:** *Mayor agilidad para ajustar campañas en tiempo real.*

Automatización de Contenidos

- **Aplicación:** *Plataformas como Canva utilizan IA para generar diseños y contenido automáticamente.*
- **Resultado:** *Reducción del tiempo de creación de contenido en un 50%.*

2.4.5 Sector Manufactura

Mantenimiento Predictivo

- **Aplicación:** *Siemens utiliza IA para prever fallos en maquinaria antes de que ocurran.*
- **Resultado:** *Reducción del 25% en tiempos de inactividad no planificados.*

Control de Calidad Automatizado

- **Aplicación:** *Cámaras con visión por computadora identifican defectos en productos durante la producción.*
- **Resultado:** *Mejora del 30% en la calidad del producto final.*

Optimización de Procesos

- **Aplicación:** *General Electric usa IA para analizar datos de producción y optimizar los tiempos de ensamblaje.*
- **Resultado:** *Incremento en la eficiencia operativa en un 15%.*

2.4.6 Sector Transporte y Logística

Rutas de Entrega Optimizadas

- **Aplicación:** *DHL emplea IA para diseñar rutas eficientes considerando tráfico y clima.*
- **Resultado:** *Reducción del 20% en costos de transporte.*

Gestión de Flotas

- **Aplicación:** *UPS utiliza IA para monitorear el estado de los vehículos y programar mantenimiento predictivo.*
- **Resultado:** *Aumento del 25% en la vida útil de la flota.*

- **Imagen 2.9:** *Imagen creada por IA para representar casos de éxito de la Inteligencia Artificial en el sector Transporte y Logística.*

Automatización de Almacenes

- **Aplicación:** *Amazon Robotics integra IA para organizar y mover productos automáticamente.*
- **Resultado:** *Mejora en la velocidad de procesamiento de pedidos en un 30%.*

2.4.7 Sector Agricultura

Monitoreo de Cultivos

- **Aplicación:** *Plataformas como Climate FieldView analizan datos de sensores para monitorear la salud de los cultivos.*
- **Resultado:** *Incremento del 15% en el rendimiento agrícola.*

Robots Agrícolas

- **Aplicación:** *Robots autónomos como los de Blue River Technology identifican y eliminan malezas selectivamente.*
- **Resultado:** *Reducción del 20% en el uso de herbicidas.*

Imagen 2.10: *Imagen creada por IA para representar casos de éxito de la Inteligencia Artificial en el sector Agricultura.*

Predicción Climática

- **Aplicación:** *IA analiza patrones climáticos para ayudar a los agricultores a planificar siembras y cosechas.*
- **Resultado:** *Mejora en la planificación agrícola y reducción de pérdidas.*

2.4.8 Sector Financiero

Detección de Fraudes

- **Aplicación:** *PayPal utiliza IA para identificar transacciones sospechosas en tiempo real.*
- **Resultado:** *Reducción significativa de pérdidas por fraude.*

Asesoramiento Financiero Automatizado

- **Aplicación:** *Robo-advisors como Betterment analizan datos de inversión para ofrecer recomendaciones personalizadas.*
- **Resultado:** *Democratización del acceso a servicios financieros.*

Análisis de Riesgos

- **Aplicación:** *Bancos utilizan IA para evaluar la solvencia de los clientes y minimizar riesgos crediticios.*
- **Resultado:** *Mejora en la precisión de las decisiones de crédito.*

Imagen 2.11: *Imagen creada por IA para representar casos de éxito de la Inteligencia Artificial en el sector Financiero.*

2.4.9 Resultados Claves

Los casos mencionados destacan cómo la IA genera:

- **Incrementos en eficiencia:** *Procesos más rápidos y precisos.*
- **Reducción de costos:** *Menor desperdicio y optimización de recursos.*
- **Mejora en la toma de decisiones:** *Datos más precisos para estrategias efectivas.*
- **Mayor satisfacción del cliente:** *Experiencias personalizadas y tiempos de respuesta reducidos.*

La adopción de la IA no es solo una tendencia, sino un cambio profundo que redefine cómo las empresas operan y compiten en el mercado global.

La inteligencia artificial no es solo una herramienta tecnológica; es un cambio transformador que está redefiniendo la manera en que las empresas operan y se relacionan con su entorno. Desde optimizar procesos internos hasta mejorar la experiencia del cliente, la IA ofrece beneficios tangibles que fortalecen la competitividad y sostenibilidad empresarial.

Sin embargo, aprovechar al máximo su potencial requiere más que una simple adopción tecnológica. Las empresas deben desarrollar una mentalidad estratégica, evaluar constantemente sus procesos y adaptarse a las oportunidades que la IA ofrece. En un mundo donde la innovación define el éxito, adoptar la IA no es solo una ventaja, sino una necesidad para liderar el cambio y marcar la diferencia en un mercado dinámico.

En las próximas secciones, exploraremos cómo implementar estas estrategias y herramientas de IA de manera accesible, ética y efectiva.

2.5 Resumen de los Beneficios de la Inteligencia Artificial en los Negocios

En esta sección, se exploraron los múltiples beneficios que la inteligencia artificial aporta al mundo empresarial. La IA se ha convertido en una herramienta clave para la optimización de procesos, la reducción de costos y la mejora en la toma de decisiones estratégicas.

Se analizaron sus aplicaciones en distintos sectores como el comercio, la salud, la manufactura, la educación y las finanzas, destacando cómo la IA permite automatizar tareas repetitivas, mejorar la experiencia del cliente y aumentar la productividad. Además, se presentaron casos de éxito donde empresas han utilizado la IA para innovar y obtener ventajas competitivas en el mercado.

Otro punto clave fue la identificación de herramientas accesibles de IA que permiten a las empresas integrar soluciones sin necesidad de conocimientos técnicos avanzados. También se discutió la importancia de adoptar la IA de manera ética y responsable para garantizar su uso adecuado y maximizar su impacto positivo.

- *Evalúa qué procesos en tu empresa pueden beneficiarse de la IA. Identifica tareas repetitivas o áreas con margen de mejora.*

- *Explora herramientas de IA adaptadas a tu industria. Existen soluciones accesibles para optimizar ventas, atención al cliente y gestión operativa.*
- *Empieza con pequeños proyectos piloto. Implementa IA en un área específica y mide su impacto antes de expandirla a otros procesos.*
- *Capacita a tu equipo en el uso de IA. La transformación digital requiere que las personas comprendan y adopten la tecnología de manera efectiva.*

El mundo empresarial está evolucionando rápidamente con la IA. No te quedes atrás, comienza a aplicar sus beneficios y lleva tu negocio al siguiente nivel.

CAPÍTULO III

HERRAMIENTAS DE INTELIGENCIA ARTIFICIAL BAJO EL UMBRAL TÉCNICO

Capitulo III
Herramientas de Inteligencia Artificial de Bajo Umbral Técnico

La inteligencia artificial ya no es una tecnología reservada para expertos o grandes corporaciones. Hoy en día, existen herramientas de IA de bajo umbral técnico que permiten a personas y empresas, sin necesidad de conocimientos avanzados, integrar esta tecnología en sus actividades diarias para aumentar su productividad, mejorar la toma de decisiones y simplificar procesos.

Estas herramientas son intuitivas, accesibles y, en muchos casos, asequibles, haciendo posible que tanto emprendedores como pequeñas empresas compitan en igualdad de condiciones con organizaciones más grandes.

3.1 ¿Qué son las Herramientas de Inteligencia Artificial Accesibles?

Son plataformas, aplicaciones o sistemas diseñados para ofrecer funcionalidades basadas en inteligencia artificial de manera sencilla y práctica, sin requerir habilidades técnicas avanzadas en programación o ciencia de datos. Estas herramientas están orientadas a:

- *Automatizar tareas repetitivas.*
- *Analizar grandes volúmenes de datos rápidamente.*
- *Facilitar la personalización de servicios y productos.*
- *Aumentar la productividad y eficiencia empresarial.*

Su propósito principal es democratizar la IA, permitiendo que cualquier usuario, independientemente de su nivel técnico, pueda beneficiarse de esta tecnología.

3.1.1 Ejemplos de Herramientas de Inteligencia Artificial Accesibles

Como lo vimos en el capítulo 1, se presentan algunas de las herramientas de IA más populares y accesibles en el mercado:

- **ChatGPT:** *Generación de textos automatizados, asistencia en redacción y soporte al cliente.*
- **Canva:** *Creación de diseños gráficos con funciones de IA que sugieren estilos, colores y plantillas.*
- **Grammarly:** *Corrección gramatical y sugerencias de estilo basadas en IA para mejorar la escritura.*
- **Zapier:** *Automatización de flujos de trabajo integrando diferentes aplicaciones sin necesidad de programación.*
- **Tableau:** *Visualización de datos con análisis avanzado impulsado por IA.*
- **DALL-E:** *Generación de imágenes a partir de descripciones de texto.*
- **Google Analytics:** *Análisis de comportamiento de usuarios en sitios web mediante IA.*
- **Otter.ai:** *Transcripción automática de reuniones y entrevistas.*
- **Jasper:** *Creación de contenido de marketing con textos generados por IA.*
- **Power Automate:** *Automatización de procesos empresariales dentro del ecosistema Microsoft.*

3.1.2 Casos de Uso Comunes

- **Gestión del Correo Electrónico:** *Herramientas como Gmail Smart Reply o Microsoft Outlook usan IA para sugerir respuestas automáticas y priorizar correos importantes. Obteniendo ahorro de tiempo al responder y organizar correos electrónicos de manera más eficiente.*
- **Automatización de Agendas y Calendarios:** *IA integrada en Google Calendar o Microsoft Copailot ayuda a programar reuniones y gestionar la disponibilidad de los participantes.*

Logrando reducción de conflictos de agenda y optimización del tiempo de los empleados.
- **Generación de Informes y Resúmenes Automáticos:** *Plataformas como ChatGPT y Tableau pueden generar resúmenes de datos y reportes ejecutivos en segundos. Ganando ahorro de horas de trabajo en la elaboración de documentos y reportes periódicos.*
- **Traducción y Redacción de Documentos:** *Herramientas como DeepL o Grammarly ayudan a traducir y mejorar la calidad de documentos en distintos idiomas. Facilitando la comunicación global y mejora la calidad del contenido escrito.*
- **Gestión de Tareas y Productividad Personal:** *Asistentes virtuales como Notion AI o Todoist AI organizan tareas, establecen prioridades y envían recordatorios automáticos. Aumentando la productividad y mejor manejo del tiempo laboral.*
- **Creación de Contenido para Redes Sociales:** *Herramientas como ChatGPT y Canva generan ideas y diseñan publicaciones rápidamente, optimizando tiempo y esfuerzo.*
- **Atención al Cliente Automatizada:** *Chatbots impulsados por IA responden preguntas frecuentes y resuelven problemas comunes en tiempo real.*
- **Análisis de Datos para Decisiones Estratégicas:** *Plataformas como Tableau analizan datos complejos y presentan insights clave de forma visual.*
- **Optimización de Campañas de Marketing:** *Herramientas como Google Ads o Jasper sugieren palabras clave y optimizan anuncios según el comportamiento del usuario.*
- **Gestión de Proyectos:** *IA integrada en aplicaciones como Monday.com organiza tareas y establece prioridades de forma inteligente.*
- **Automatización de Tareas Repetitivas:** *Zapier conecta aplicaciones para realizar tareas automáticamente, como enviar correos o actualizar bases de datos.*
- **Diseño Gráfico Simplificado:** *Canva ofrece sugerencias basadas en IA para crear contenido visual atractivo sin necesidad de experiencia previa.*

- **Detección de Sentimientos en Redes Sociales:** *Herramientas como Brandwatch analizan menciones y comentarios para entender la percepción pública de una marca.*
- **Optimización de Procesos Internos:** *Power Automate automatiza flujos de trabajo dentro de empresas, mejorando la eficiencia operativa.*
- **Transcripción y Gestión de Reuniones:** *Otter.ai transcribe automáticamente reuniones, facilitando la documentación y el seguimiento de acuerdos.*

Imagen 3.1: *Imagen creada por IA para representar herramientas de la Inteligencia Artificial Accesible.*

Las herramientas de IA de bajo umbral técnico están diseñadas para que cualquier persona o empresa pueda implementar soluciones innovadoras de manera simple y efectiva. Al integrar estas herramientas, los negocios pueden no solo mejorar su eficiencia operativa, sino también ofrecer mejores experiencias a sus clientes y mantener una ventaja competitiva en el mercado.

En las próximas secciones, exploraremos cómo seleccionar las herramientas adecuadas según las necesidades específicas de cada organización.

3.2 ¿Cómo Elegir Herramientas Según las Necesidades del Negocio?

La adopción de herramientas de inteligencia artificial (IA) en los negocios y en las funciones individuales debe ser estratégica. Con la creciente cantidad de plataformas de IA disponibles, es crucial saber **cómo seleccionar la herramienta adecuada** *para optimizar el desempeño laboral y mejorar la eficiencia organizacional. En este apartado, exploraremos los* **factores clave para elegir una herramienta de IA** *y cómo alinearlas con las necesidades específicas del negocio.*

3.2.1 Factores Clave para Elegir una Herramienta de Inteligencia Artificial

Seleccionar la herramienta de IA correcta no solo depende de su tecnología, sino de cómo se adapta a las necesidades, procesos y objetivos de la empresa o de un profesional. A continuación, se presentan los factores esenciales que deben considerarse al evaluar herramientas de IA:

Propósito y Necesidad Específica

- Antes de adoptar cualquier herramienta, es fundamental definir qué problema se quiere resolver o qué proceso se desea optimizar.
- **Preguntas clave:**
    - ¿Necesito automatizar tareas repetitivas?
    - ¿Requiero análisis de datos y generación de reportes?
    - ¿Busco mejorar la atención al cliente o la personalización de servicios?
- **Ejemplo:** Una empresa de servicio al cliente puede optar por un chatbot de IA, mientras que un equipo de marketing necesita una herramienta de IA para generación de contenido.

Facilidad de Uso e Implementación

- No todas las empresas o profesionales tienen conocimientos técnicos avanzados.
- Se recomienda elegir herramientas con interfaces intuitivas y documentación accesible.

- **Ejemplo:** *ChatGPT o Canva AI permiten a cualquier usuario generar textos e imágenes sin conocimientos en programación.*

Compatibilidad e Integración con Sistemas Existentes

- *La herramienta debe integrarse fácilmente con las plataformas y software que ya se usan en la empresa.*
- *Verificar si ofrece conectividad con herramientas como CRM, ERP, suites de productividad (Google Workspace, Microsoft 365), etc.*
- **Ejemplo**: *Zapier permite automatizar flujos de trabajo entre distintas aplicaciones sin necesidad de programar.*

Escalabilidad y Flexibilidad

- *La herramienta debe adaptarse al crecimiento del negocio y poder manejar mayores volúmenes de datos y usuarios sin perder rendimiento.*
- **Ejemplo:** *Google Analytics y Power BI permiten ampliar la capacidad de análisis a medida que el negocio crece.*

Costo y Retorno de Inversión (ROI)

- *Evaluar si la inversión en la herramienta se traduce en ahorros de tiempo, reducción de costos operativos o aumento de la productividad.*
- *Considerar modelos de precios (gratuito, suscripción mensual, pago por uso) y comparar con alternativas.*
- **Ejemplo:** *Herramientas como Notion AI pueden reemplazar múltiples aplicaciones de gestión documental, reduciendo costos en software.*

Seguridad y Privacidad de Datos

- *Es crucial asegurarse de que la herramienta cumpla con normativas de protección de datos (GDPR, CCPA, ISO 27001).*

- *Evaluar cómo se manejan los datos sensibles y si existe cifrado de información.*
- **Ejemplo:** *Plataformas como Microsoft Azure AI ofrecen seguridad avanzada para empresas con datos críticos.*

Capacidad de Personalización y Configuración

- *Algunas herramientas permiten ajustes según las necesidades del usuario, optimizando su funcionalidad.*
- **Ejemplo:** *Chatbots de IA como Dialogflow permiten configurar respuestas personalizadas para cada negocio.*

Soporte y Comunidad de Usuarios

- *Es importante contar con soporte técnico eficiente y documentación clara.*
- *La existencia de una comunidad activa de usuarios también ayuda a resolver dudas y compartir mejores prácticas.*
- **Ejemplo:** *Herramientas como TensorFlow tienen una comunidad global de desarrolladores que ofrecen soporte en foros y documentación.*

Tiempo de Implementación y Capacitación Necesaria

- *Algunas herramientas requieren capacitación previa o tiempo de adaptación antes de ser usadas con efectividad.*
- *Se recomienda analizar cuánto tiempo tomará la integración y si hay cursos o tutoriales disponibles.*
- **Ejemplo:** *Herramientas como Power Automate requieren aprendizaje inicial, pero luego automatizan procesos ahorrando tiempo.*

Resultados y Métricas de Desempeño

- *Es esencial definir KPIs (Indicadores Clave de Desempeño) para medir el impacto de la herramienta en la empresa.*

- **Ejemplo:** *Si una empresa implementa IA para soporte al cliente, se pueden medir:*
    - *Reducción del tiempo de respuesta.*
    - *Aumento en la satisfacción del cliente.*
    - *Disminución de costos en soporte.*

Además de los factores clave mencionados, es importante considerar algunos aspectos adicionales:

Casos de Éxito y Recomendaciones

- *Antes de adoptar una herramienta, investigar empresas o profesionales que la han usado y evaluar sus resultados.*
- **Ejemplo:** *Leer reseñas en plataformas como G2, Capterra o Trustpilot.*

Comparación entre Opciones Similares

- *Evaluar distintas herramientas con funciones similares y elegir la más conveniente.*
- **Ejemplo:** *Comparar Canva AI vs Adobe Firefly para generación de imágenes.*

Tendencias y Futuro de las Herramientas de IA

- *Identificar cómo evolucionan las herramientas y si pueden ser útiles a largo plazo.*
- **Ejemplo:** *La IA generativa está transformando la creación de contenido, lo que impactará en el marketing y la educación.*

3.2.2 Preguntas para Guiar la Elección de una Herramienta de Inteligencia Artificial

Seleccionar la herramienta de IA correcta implica realizar un análisis detallado de las necesidades y funciones que se quieren optimizar. Para facilitar este proceso, se pueden utilizar una serie de preguntas clave que ayudarán a definir la mejor opción según cada caso:

¿Cuál es el problema o necesidad que deseo resolver con IA?

- *¿Busco mejorar la productividad personal o la eficiencia de mi equipo?*
- *¿Necesito automatizar tareas repetitivas o mejorar la toma de decisiones?*
- *¿Requiero análisis de datos, atención al cliente automatizada o generación de contenido?*

¿Qué tipo de datos maneja mi empresa y cómo interactúa la herramienta con ellos?

- *¿Trabaja con datos estructurados o no estructurados?*
- *¿Es compatible con las bases de datos o sistemas que ya utilizo?*
- *¿Garantiza la seguridad y privacidad de los datos?*

¿Qué nivel de experiencia técnica se requiere para utilizarla?

- *¿La herramienta está diseñada para usuarios sin conocimientos técnicos?*
- *¿Ofrece una interfaz intuitiva y fácil de usar?*
- *¿Cuenta con tutoriales, soporte o documentación accesible?*

¿Se integra fácilmente con mis herramientas actuales?

- *¿Funciona con mi software de gestión empresarial (ERP, CRM, etc.)?*
- *¿Es compatible con plataformas como Google Workspace, Microsoft 365, Slack o Zapier?*
- *¿Requiere configuraciones complejas o es plug-and-play?*

¿Qué nivel de personalización permite la herramienta?

- *¿Puedo adaptar sus funciones a mis necesidades específicas?*

- *¿Permite ajustes en la configuración sin necesidad de programar?*
- *¿Tiene opciones de personalización según la industria o sector?*

¿Cuál es su costo y qué modelo de precios maneja?

- *¿Es una herramienta gratuita o de pago?*
- *¿Ofrece planes escalables según el crecimiento de mi negocio?*
- *¿Cuál es el retorno de inversión esperado?*

¿Cómo mide y reporta su desempeño?

- *¿Proporciona métricas claras sobre su impacto en el negocio?*
- *¿Permite visualizar mejoras en productividad o reducción de costos?*
- *¿Tiene paneles de control o reportes analíticos?*

¿Qué tan confiable es la herramienta en términos de seguridad y privacidad?

- *¿Cumple con normativas de seguridad de datos como GDPR, CCPA o ISO 27001?*
- *¿Protege la información confidencial y minimiza riesgos de fuga de datos?*
- *¿Ofrece cifrado y almacenamiento seguro de información?*

¿Qué nivel de soporte y comunidad de usuarios tiene?

- *¿Cuenta con atención al cliente eficiente?*
- *¿Existe una comunidad activa que comparta experiencias y soluciones?*
- *¿Tiene foros de discusión o asistencia en línea?*

¿Es una solución escalable y adaptable a largo plazo?

- *¿Puede crecer junto con mi empresa?*
- *¿Se actualiza constantemente con nuevas funcionalidades?*
- *¿Ofrece compatibilidad con futuras tecnologías emergentes?*

Temas adicionales para considerar:

Pruebas Gratuitas y Demostraciones

- *Antes de tomar una decisión, es recomendable probar la herramienta con una versión gratuita o demo para verificar si se ajusta a las expectativas.*
- **Ejemplo:** *Muchas plataformas de IA como Grammarly, ChatGPT o Notion AI ofrecen versiones gratuitas con funcionalidades limitadas para que los usuarios puedan evaluar su utilidad.*

Evaluación Comparativa entre Herramientas Similares

- *Comparar varias opciones disponibles en el mercado ayuda a identificar cuál ofrece la mejor relación costo-beneficio.*
- **Ejemplo:** *Evaluar entre Canva AI y Adobe Firefly para generación de imágenes asistida por IA.*

Tendencias y Evolución de las Herramientas de IA

- *La IA está en constante evolución, por lo que es recomendable investigar las tendencias del sector para elegir herramientas con futuro sostenible.*
- **Ejemplo:** *Las IAs generativas están revolucionando la creación de contenido digital y la automatización de procesos empresariales.*

3.2.3 Comparativa de Herramientas de Inteligencia Artificial

Para elegir la mejor herramienta de IA, es importante:

1. *Definir el propósito de uso: ¿Automatización, análisis de datos, creación de contenido, atención al cliente?*

2. *Evaluar la compatibilidad con los sistemas y procesos actuales de la empresa.*
3. *Determinar la escalabilidad de la herramienta a largo plazo.*
4. *Comparar costos y beneficios antes de tomar una decisión final.*
5. *Realizar pruebas con versiones gratuitas o demostraciones antes de implementar.*

Proceso	Herramienta	Función Principal	Ventajas	Desventajas
Automatización y Productividad	Zapier	Automatización de flujos de trabajo	Fácil integración con múltiples aplicaciones no requiere programación	Puede ser costoso en planes avanzados
	Power Automate	Automatización en entornos Microsoft	Alta compatibilidad con Office 365, flexible y escalable	Curva de aprendizaje moderada
	Notion AI	Gestión de proyectos con IA	Interfaz intuitiva, sugerencias automatizadas	Algunas funciones están limitadas en el plan gratuito
Análisis y Procesamiento de Datos	Tableau	Visualización y análisis de datos	Potente para el análisis de grandes volúmenes de datos, múltiples integraciones	Puede requerir conocimientos avanzados
	Google Looker Studio	Creación de reportes dinámicos	Gratuito y fácil de conectar con otras plataformas de Google	Limitado en opciones de personalización
	IBM Watson	Análisis avanzado con IA	Capacidades de aprendizaje profundo, ideal para Big Data	Alto costo para empresas pequeñas
Creación de Contenido y Comunicación	ChatGPT	Generación de textos y asistencia en redacción	Fácil de usar, versátil en distintos temas	Puede generar respuestas imprecisas en ciertos contextos
	Jasper AI	Creación de contenido de marketing	Optimizado para copys publicitarios y estrategias SEO	Planes de pago necesarios para funciones avanzadas
	Grammarly	Corrección y mejora de textos	Ayuda en la escritura profesional, revisión en tiempo real	No detecta errores de contexto más avanzados
Diseño y Generación de Imágenes	Canva AI	Generación automática de diseños	Intuitivo, múltiples plantillas y opciones	Limitado para diseño avanzado
	Adobe Firefly	Creación de imágenes con IA	Integrado con herramientas profesionales de Adobe	Requiere suscripción
	DALL-E	Generación de imágenes a partir de texto	Alta calidad en generación de gráficos creativos	Puede generar imágenes con detalles inexactos
Atención al Cliente y Soporte	Dialogflow	Creación de chatbots avanzados	Potente para interacciones en tiempo real, integración con múltiples plataformas	Requiere conocimientos técnicos para configuraciones avanzadas
	Zendesk AI	Automatización de respuestas en soporte	Reduce tiempos de espera, mejora la satisfacción del cliente	Costos adicionales en funcionalidades premium
	LivePerson	IA para comunicación con clientes	Conversaciones personalizadas, integración con WhatsApp y Messenger	Requiere inversión inicial significativa
Gestión del Correo Electrónico	Gmail Smart Reply	Respuestas automáticas inteligentes	Ahorra tiempo en la gestión de correos	Puede no ser preciso en mensajes complejos
	Microsoft Outlook AI	Priorización de correos y automatización	Mejora la productividad con categorización inteligente	Puede requerir ajustes manuales para mayor precisión
Automatización de Agendas y Calendarios	Google Calendar AI	Sugerencias inteligentes para agendar reuniones	Fácil de usar y sincronización con otras herramientas	Requiere conexión a Internet
	Microsoft Cortana	Gestión de citas y reuniones automatizadas	Integración con Office 365 y asistentes virtuales	Algunas funciones limitadas a ciertos dispositivos
Generación de Informes y Resúmenes Automáticos	ChatGPT	Resumen de textos y generación de reportes	Rápido y fácil de usar	Puede omitir detalles clave si el texto es muy largo
	Otter.ai	Transcripción y resúmenes de reuniones	Precisión en la captura de conversaciones en vivo	Puede requerir revisión manual para correcciones

Tabla 3.1: *Comparación Herramientas de Inteligencia Artificial por proceso.*

3.2.4 Checklist para Elegir una Herramienta de Inteligencia Artificial

Para facilitar la selección de una herramienta de IA que se adapte a las necesidades de cada usuario o empresa, se ha diseñado la siguiente lista de verificación. Este checklist ayuda a evaluar de manera estructurada cada opción antes de su adopción.

Definir la Necesidad Específica

- *¿Cuál es el problema que quiero solucionar con IA?*
- *¿Necesito automatizar tareas repetitivas, mejorar la toma de decisiones o analizar grandes volúmenes de datos?*
- *¿La herramienta está diseñada para mi tipo de industria o función laboral?*

Facilidad de Uso y Accesibilidad

- *¿La herramienta es fácil de usar sin conocimientos avanzados en IA?*
- *¿Tiene una interfaz intuitiva y documentación clara?*
- *¿Ofrece tutoriales, soporte técnico o una comunidad activa?*

Integración con Sistemas Existentes

- *¿Se puede integrar con las herramientas que ya uso (CRM, ERP, Office 365, Google Workspace, Slack, etc.)?*
- *¿Necesita configuraciones adicionales o es de fácil implementación?*
- *¿Permite automatizar flujos de trabajo con otras aplicaciones?*

Costos y Modelo de Precios

- *¿Es gratuita, de pago único o requiere suscripción mensual?*
- *¿Se ajusta al presupuesto de la empresa sin afectar otras operaciones?*
- *¿Ofrece una versión de prueba o demostración gratuita?*
- *¿El costo de la herramienta se justifica con el valor que aporta?*

Seguridad y Protección de Datos

- *¿Cumple con normativas de seguridad de datos (GDPR, CCPA, ISO 27001)?*
- *¿Cómo maneja y almacena la información?*
- *¿Cuenta con cifrado y control de accesos?*

- *¿La empresa proveedora tiene buena reputación en seguridad?*

Escalabilidad y Adaptabilidad

- *¿Puede crecer con la empresa y manejar un mayor volumen de datos con el tiempo?*
- *¿Se puede personalizar según mis necesidades específicas?*
- *¿Recibe actualizaciones frecuentes con mejoras y nuevas funcionalidades?*

Métricas y Resultados

- *¿Permite medir su impacto en términos de productividad y eficiencia?*
- *¿Cuenta con dashboards, reportes o análisis de desempeño?*
- *¿Se pueden obtener insights sobre el uso y optimización de la IA?*

Casos de Éxito y Opiniones de Usuarios

- *¿La herramienta tiene buenas valoraciones en plataformas como G2, Capterra o Trustpilot?*
- *¿Existen casos de éxito en mi industria que demuestren su efectividad?*
- *¿La empresa desarrolladora tiene trayectoria y soporte confiable?*

Elegir la herramienta de IA correcta puede marcar una gran diferencia en la eficiencia y competitividad de un negocio o en la productividad personal de un profesional. No se trata solo de seleccionar la tecnología más avanzada, sino de encontrar la que mejor se adapte a las necesidades específicas y que genere un verdadero impacto en las operaciones diarias.

Evaluar cada uno de estos factores clave permitirá tomar decisiones informadas y aprovechar el potencial de la inteligencia artificial en cualquier área de trabajo.

3.3 Demostraciones Prácticas de Uso

La mejor manera de comprender el potencial de la inteligencia artificial es a través de la práctica. En esta sección, exploraremos el uso de herramientas de IA accesibles, comenzando con una demostración detallada de **ChatGPT***, una de las plataformas más avanzadas y versátiles en generación de texto, automatización de tareas y asistencia en múltiples ámbitos profesionales.*

3.3.1 Creación y Optimización de Prompts

En esta sección, aprenderemos **qué es un prompt y cómo construirlo de manera efectiva** *para obtener respuestas precisas y útiles de herramientas de inteligencia artificial como ChatGPT. Dominar la formulación de prompts es clave para maximizar el potencial de la IA en la automatización de tareas, generación de contenido y optimización del flujo de trabajo.*

3.3.1.1 ¿Qué es un Prompt?

Un **prompt** *es la instrucción o conjunto de palabras que un usuario proporciona a una IA generativa para obtener una respuesta específica. Es la forma en la que nos comunicamos con modelos de lenguaje como ChatGPT para solicitar información, generar texto, responder preguntas, crear resúmenes, entre muchas otras tareas.*

Un buen prompt debe ser claro, detallado y orientado a la necesidad específica del usuario, ya que esto influye directamente en la calidad de la respuesta generada por la IA.

3.3.1.2 Clasificación de los Prompts

- **Prompts Abiertos:** *Solicitan respuestas amplias o creativas. Ejemplo: "¿Cómo será el futuro de la IA en los negocios?"*

- **Prompts Cerrados:** *Buscan respuestas concretas o específicas. Ejemplo: "Enumera tres beneficios del uso de IA en la educación."*
- **Prompts de Formato Específico:** *Solicitan una estructura de respuesta definida. Ejemplo: "Resume este artículo en 100 palabras."*
- **Prompts Contextuales:** *Proporcionan antecedentes para mejorar la precisión de la respuesta. Ejemplo: "Imagina que eres un experto en marketing digital. ¿Cómo implementarías IA en una estrategia de contenidos?"*

3.3.1.3   Cómo Construir un Buen Prompt

Para obtener los mejores resultados al interactuar con IA, se deben seguir ciertas estrategias al escribir prompts. A continuación, presentamos los pasos clave para formular instrucciones efectivas.

Principios Fundamentales para Crear un Buen Prompt

Para que la IA entienda mejor lo que necesitas, sigue estos principios:

- **Especificidad:** *Cuanto más detallado sea el prompt, mejor será la respuesta.*
- **Contexto:** *Proporciona la información necesaria para que la IA comprenda el escenario.*
- **Estructura Lógica:** *Usa una secuencia ordenada para facilitar el procesamiento de la IA.*
- **Ejemplos y Formato de Salida:** *Si quieres que la respuesta tenga un formato específico, especifícalo.*
- **Evitar Ambigüedades:** *No des instrucciones vagas o confusas.*

3.3.1.4   Estructura de un Buen Prompt

Un prompt puede dividirse en cuatro partes clave:

- **Rol de la IA:** *Define qué tipo de experto quieres que sea la IA. Esto mejora la precisión de la respuesta porque le das un marco de referencia.*

    Ejemplo: "Eres un experto en ciberseguridad con especialización en protección de datos y análisis de correos electrónicos."

- **Indicar la Tarea Específica:** *Explica claramente lo que necesitas que la IA haga.*

    Ejemplo: "Analiza los correos electrónicos recibidos en mi bandeja de entrada y clasifícalos en tres categorías: Importantes, Pendientes de Respuesta y No Relevantes."

- **Proporcionar Contexto:** *Incluir información relevante para mejorar la comprensión de la IA y si la IA necesita información adicional para hacer bien la tarea, inclúyela.*

    Ejemplo: "Considera un correo como Importante si menciona palabras clave como 'urgente', 'reunión', 'contrato' o 'factura'. Un correo es Pendiente de Respuesta si contiene una pregunta directa o si ha pasado más de 48 horas sin respuesta. Un correo es No Relevante si es publicidad o notificaciones automáticas."

- **Especificar el Formato de Respuesta:** *Indicar el tipo de respuesta deseado (lista, párrafo, tabla, etc.). Si necesitas una estructura específica en la respuesta, indícalo claramente.*

    Ejemplo: "Devuelve la respuesta en una tabla con tres columnas: Categoría, Remitente y Asunto del correo."

- **Tono y Estilo:** *Especificar si se desea una respuesta formal, técnica, explicativa, persuasiva, entre otros.*

    Ejemplo: "La redacción del correo la requiero en un estilo técnico."

- **Ejemplo Opcional:** *Si quieres que la IA siga un estilo particular, incluye un ejemplo.*

Ejemplo: "Adjunto un informe el cual podrás utilizar como referencia para el estilo y colores corporativos."

Ejemplos de Prompts Efectivos

- **Ejemplo 1:**
  - **Prompt Débil:** *"Háblame de IA."* (Demasiado general).
  - **Prompt Mejorado:** *"Explica en 200 palabras qué es la inteligencia artificial y menciona tres de sus aplicaciones en la industria financiera."*

- **Ejemplo 2:**
  - **Prompt Débil:** *"Dame ideas de marketing."*
  - **Prompt Mejorado:** *"Eres un experto en marketing digital, especializado en productos ecológicos. Soy dueño de una tienda en línea de productos ecológicos. Dame cinco ideas innovadoras de marketing digital para atraer más clientes. Las ideas las requiero en una tabla comparativa. Utilizar una redacción técnica y explicativa."*

- **Ejemplo 3:**
  - **Prompt Completo**: *"Eres un experto en IT especializado en análisis de correos electrónicos. Analiza los correos electrónicos recibidos en mi bandeja de entrada y clasifícalos en tres categorías: Importantes, Pendientes de Respuesta y No Relevantes. Considera un correo como Importante si menciona palabras clave como 'urgente', 'reunión', 'contrato' o 'factura'. Un correo es Pendiente de Respuesta si contiene una pregunta directa o si ha pasado más de 48 horas sin respuesta. Un correo es No Relevante si es publicidad o notificaciones automáticas. Devuelve la respuesta en una tabla con tres columnas: Categoría, Remitente y Asunto del correo."*

3.3.1.5 Tipos de Prompts Según el Objetivo

Dependiendo de la tarea, puedes diseñar distintos tipos de prompts:

- **Explicación:** *"Explica en términos simples qué es el phishing y cómo prevenirlo."*
- **Lista o Pasos:** *"Dame una lista de 5 herramientas para analizar correos electrónicos en busca de malware."*
- **Comparación:** *"Compara Gmail y Outlook en términos de seguridad de correos electrónicos."*
- **Generación de Texto:** *"Redacta un correo profesional para responder a un cliente que solicita más información sobre nuestros servicios de ciberseguridad."*
- **Generación de Media:** *"Crea 6 imágenes sin texto más para postear en la cuenta de Instagram, las cuales utilizare para promocionar y dar a conocer el tema que hablaremos en el video de la semana del canal de YouTube."*
- **Análisis de Datos:** *"Analiza estos correos y dime cuáles podrían ser intentos de phishing."*

3.3.1.6 Optimización de Prompts para Mejores Respuestas

Ajustar y refinar los prompts es esencial para obtener respuestas más útiles. Aquí algunas estrategias avanzadas:

Optimización de Prompts

Errores comunes y cómo corregirlos:

- **Prompts Demasiado vago:** *"Clasifica mis correos electrónicos."*
    - *Optimizado: "Clasifica mis correos electrónicos en importantes, pendientes y no relevantes con base en palabras clave y tiempo de respuesta."*

- **Prompts con Falta de contexto:** *"Hazme un resumen de mi bandeja de entrada."*

- o   *Optimizado: "Resume los últimos 10 correos recibidos en mi bandeja de entrada, mostrando remitente, asunto y si requieren acción inmediata."*
- **Prompts con Formato no definido:** *"Dime cuántos correos no he respondido."*
  - o   *Optimizado: "Dime cuántos correos en mi bandeja de entrada llevan más de 48 horas sin respuesta. Devuelve el resultado como una lista con remitente y asunto."*

Refinamiento de Prompts

Si la respuesta no es exactamente lo que buscas, puedes iterar y mejorar el prompt:

- **Solicitar mejoras:** *"Haz que esta respuesta sea más breve y persuasiva."*
- **Agregar más contexto:** *"Basado en datos recientes, explica cómo la IA mejora la seguridad cibernética."*
- **Comparar opciones:** *"Dame una lista con ventajas y desventajas de usar IA en la automatización de procesos empresariales."*

3.3.1.7   Uso de Ejemplos en Prompts

Adjuntar ejemplos a los prompts es esencial para obtener respuestas más exactas a lo deseado. Aquí algunas estrategias avanzadas:

- **Ejemplo antes de la solicitud:** *"Aquí tienes un ejemplo de un email formal para clientes. Ahora escribe uno similar pero más persuasivo."*
- **Indicar palabras clave:** *"Explica la diferencia entre IA, Machine Learning y Deep Learning usando un lenguaje sencillo."*

3.3.1.8   Ejercicios Prácticos para Mejorar Prompts

Para reforzar el aprendizaje, realizaremos los siguientes ejercicios:

- **Ejercicio 1: Comparar Respuestas a Diferentes Prompts**
    - *Escribe un prompt amplio sobre un tema de interés y analiza la respuesta.*
    - *Refina el prompt agregando más detalles y revisa la nueva respuesta.*
    - *Discute cómo los cambios en la redacción afectaron la precisión del resultado.*

- **Ejercicio 2: Creación de Prompts para Casos Reales**
    - *Escribe un prompt para generar una propuesta de negocio con IA.*
    - *Escribe un prompt para obtener una lista de estrategias de ventas con IA.*
    - *Intercambia los prompts con otros participantes y ajusta su redacción para mejorar la respuesta.*

- **Ejercicio 3: Desafío de Prompts**
    - *Cada participante escoge un tema de su preferencia y debe crear un prompt optimizado.*
    - *Se evaluarán y discutirán los resultados en grupo para entender las diferencias.*

Aprender a estructurar buenos prompts es esencial para aprovechar al máximo las herramientas de IA. Cuanto mejor sea el prompt, más útil será la respuesta generada. Dominar esta habilidad nos permite ahorrar tiempo, optimizar procesos y mejorar la calidad de nuestras interacciones con la inteligencia artificial.

En la siguiente sección, aplicaremos estos principios en herramientas de IA para explorar su potencial en diferentes ámbitos **laborales y empresariales.**

3.3.2 Herramientas de Modelos Lingüísticos de Gran Escala (LLMs)

Los Modelos Lingüísticos de Gran Escala (LLMs, por sus siglas en inglés) son modelos de inteligencia artificial diseñados para procesar y generar lenguaje natural de manera avanzada. Se basan en redes neuronales profundas y utilizan grandes volúmenes de datos textuales para comprender el contexto, la semántica y la sintaxis del lenguaje humano. Su capacidad de generación, traducción, resumen y análisis de texto ha revolucionado la interacción hombre-máquina en diversas aplicaciones.

Estos modelos funcionan con técnicas de aprendizaje profundo (Deep Learning), específicamente arquitecturas de Transformers, como GPT (Generative Pre-trained Transformer), que les permiten procesar texto con gran precisión y fluidez.

3.3.2.1 Características Claves de los Modelos Lingüísticos (LLMs)

- **Procesamiento y Generación de Lenguaje Natural:** *Capacidad para interpretar y responder en lenguaje humano con coherencia y fluidez.*
- **Entrenamiento a Gran Escala:** *Se entrenan con miles de millones de parámetros en textos provenientes de libros, artículos, bases de datos, redes sociales y más.*
- **Aprendizaje Auto-regresivo:** *Generan texto basándose en entradas previas, prediciendo la palabra más probable en cada paso.*
- **Capacidad Multimodal (en algunos casos):** *Algunos modelos pueden procesar no solo texto, sino también imágenes y audio.*
- **Adaptabilidad y Fine-Tuning:** *Pueden ajustarse a contextos específicos para mejorar su precisión en áreas como salud, derecho, tecnología o servicio al cliente.*

- **Automatización de Tareas Cognitivas:** *Desde redacción de artículos y programación hasta resúmenes y análisis de datos, estos modelos optimizan procesos de manera eficiente.*

3.3.2.2 Ejemplos de Aplicaciones de Modelos Lingüísticos (LLMs)

- **Asistentes Virtuales y Chatbots:** *Los LLMs impulsan asistentes virtuales como ChatGPT, Google Bard o Claude AI, que pueden responder preguntas, realizar tareas y mantener conversaciones fluidas.*
- **Generación de Contenido:** *Redacción de artículos, correos electrónicos, publicaciones para redes sociales y guiones de video de forma automática, ahorrando tiempo y esfuerzo.*
- **Traducción Automática:** *Plataformas como DeepL o Google Translate utilizan LLMs para ofrecer traducciones más precisas y contextuales en múltiples idiomas.*
- **Análisis de Sentimiento y Moderación de Contenido:** *Empresas utilizan estos modelos para analizar opiniones en redes sociales y filtrar contenido inapropiado en plataformas digitales.*
- **Programación y Generación de Código:** *Modelos como GitHub Copilot ayudan a los desarrolladores a escribir código más rápido mediante sugerencias y correcciones en tiempo real.*

3.3.2.3 Herramientas Basadas en Modelos Lingüísticos (LLMs)

- **ChatGPT (OpenAI)**: *Uno de los LLMs más avanzados, especializado en generación de texto, asistencia en redacción y soporte conversacional.*
- **Google Bard (Gemini AI):** *Modelo de IA desarrollado por Google que combina comprensión avanzada del lenguaje con generación de respuestas contextuales.*
- **Claude AI (Anthropic):** *Un modelo de lenguaje enfocado en seguridad, ética y eficiencia en la generación de contenido conversacional.*

- **LLaMA (Meta AI):** *Modelo de código abierto diseñado para investigación y aplicaciones personalizadas en inteligencia artificial.*
- **Mistral AI:** *Un modelo emergente con enfoque en rendimiento ligero y accesibilidad para desarrolladores y empresas.*

Método	Dificultad	¿Que puedes hacer?	Requisitos
ChatGPT (OpenAI)	Fácil	Generar texto, responder preguntas, programar y analizar datos con modelos como GPT-4 Turbo.	Cuenta en OpenAI, acceso a API (opcional).
Google Bard (Gemini AI)	Fácil	Responder preguntas, resumir textos, generar contenido e interactuar con información en tiempo real.	Cuenta de Google, acceso a Bard.
Claude AI (Anthropic)	Fácil	Enfocado en seguridad y ética, responde preguntas, analiza información y genera contenido avanzado.	Cuenta en Anthropic, acceso a Claude.
LLaMA (Meta AI)	Avanzada	Modelo optimizado para ejecución en local, útil para desarrolladores y soluciones empresariales personalizadas.	Requiere configuración avanzada en servidores o ejecución local.
Mistral AI	Media	Modelo ligero y eficiente para generación de texto, con enfoque en rendimiento y rapidez.	Acceso a API o uso en entornos de IA especializados.

Tabla 3.2: *Comparación Herramientas de IA por proceso.*

Los modelos lingüísticos de gran escala han revolucionado la manera en que interactuamos con la tecnología, permitiendo automatizar tareas cognitivas y mejorar la comunicación digital.

3.3.2.4 ChatGPT

ChatGPT *es un modelo de inteligencia artificial desarrollado por OpenAI, diseñado para comprender y generar texto de manera coherente y contextualizada. Su funcionalidad permite desde la redacción de contenido hasta la automatización de respuestas y generación de ideas. Se basa en modelos de lenguaje avanzados entrenados con grandes volúmenes de datos, lo que le permite responder de manera precisa y adaptarse a distintos contextos.*

3.3.2.5 Características principales de ChatGPT

- **Procesamiento de lenguaje natural (PLN):** *Interpreta preguntas y genera respuestas en lenguaje humano.*
- **Adaptabilidad:** *Puede ajustarse a diferentes tonos y estilos de escritura.*
- **Generación de contenido:** *Produce textos completos para artículos, correos electrónicos, informes y más.*
- **Automatización de tareas:** *Ayuda a mejorar la productividad reduciendo el tiempo en tareas repetitivas.*
- **Soporte en toma de decisiones:** *Brinda análisis e ideas basadas en información estructurada.*

Imagen 3.2: *Imagen creada por IA para representar la herramienta ChatGPT.*

3.3.2.6 Ventajas del uso de ChatGPT

- **Ahorro de tiempo:** *Automatiza procesos que requieren redacción o generación de texto.*
- **Mejora la productividad:** *Facilita la creación de contenido y respuestas rápidas.*
- **Accesibilidad:** *No requiere conocimientos avanzados en programación.*
- **Versatilidad:** *Se puede aplicar en múltiples áreas como marketing, atención al cliente, educación y más.*
- **Personalización:** *Puede adaptarse a necesidades específicas mediante el ajuste de instrucciones y entrenamiento con prompts adecuados.*

3.3.2.7 Casos de Uso Prácticos de ChatGPT

Caso 1: Generación de Contenido
- **Ejercicio:** *Pedir a ChatGPT que redacte un artículo de 300 palabras sobre "Tendencias en inteligencia artificial para negocios en 2024".*
- **Objetivo:** *Evaluar la capacidad de generación de contenido y refinamiento del texto mediante prompts adicionales.*
- **Variaciones:** *Solicitar el mismo texto con diferentes enfoques: formal, técnico, explicativo para principiantes.*

Caso 2: Automatización de Respuestas para Atención al Cliente
- **Ejercicio:** *Configurar respuestas automáticas para consultas comunes en una empresa de servicios.*
- **Prompt Ejemplo:** *"Crea una respuesta amigable para clientes que preguntan sobre los horarios de atención de una tienda."*
- **Objetivo:** *Aprender a estructurar respuestas claras y eficientes con IA.*
- **Optimización:** *Ajustar el tono, personalización de respuestas y escenarios adicionales.*

Caso 3: Creación de Ideas y Brainstorming
- **Ejercicio:** *Usar ChatGPT para generar ideas para una campaña publicitaria de un nuevo producto.*
- **Prompt Ejemplo:** *"Genera 5 ideas creativas para una campaña de lanzamiento de una app de gestión de tiempo."*
- **Objetivo:** *Explorar cómo la IA puede potenciar la creatividad y agilizar la generación de conceptos innovadores.*

Caso 4: Resumen y Síntesis de Información
- **Ejercicio:** *Copiar un artículo de 1000 palabras o más y pedir a ChatGPT que lo resuma en 200 palabras.*
- **Prompt Ejemplo:** *"Resume este artículo en 200 palabras destacando los puntos clave."*

- **Objetivo:** *Evaluar la precisión y claridad de los resúmenes generados por IA.*
- **Optimización:** *Comparar distintos niveles de resumen (50, 100, 200 palabras).*

Caso 5: Corrección y Mejora de Textos
- **Ejercicio:** *Pedir a ChatGPT que revise un correo profesional y lo haga más claro y persuasivo.*
- **Prompt Ejemplo:** *"Mejora este correo para que suene más profesional y convincente."*
- **Objetivo:** *Aprender cómo la IA puede optimizar la comunicación escrita.*
- **Variaciones:** *Ajuste del tono (formal, persuasivo, empático).*

3.3.2.8 Conclusión del uso de los Modelos Lingüísticos (LLMs)

El uso de herramientas como ChatGPT permite a cualquier profesional mejorar su productividad, automatizar tareas y optimizar su flujo de trabajo sin necesidad de conocimientos avanzados en IA. Aprender a interactuar eficazmente con este tipo de tecnología marcará la diferencia en la forma en que gestionamos el tiempo y los procesos en el mundo laboral actual.

3.3.3 Herramientas de Análisis Predictivo

El análisis predictivo es una de las aplicaciones más poderosas de la inteligencia artificial en los negocios. A través de modelos matemáticos y algoritmos de aprendizaje automático, se pueden identificar patrones en los datos para prever tendencias, optimizar decisiones y mejorar la eficiencia operativa. En esta sección, exploraremos una demostración práctica del uso de herramientas de análisis predictivo-accesibles para profesionales sin experiencia en programación avanzada.

3.3.3.1 Introducción al Análisis Predictivo

El análisis predictivo es una técnica de inteligencia artificial que emplea datos históricos para anticipar eventos futuros. Se basa en modelos de machine learning y estadísticas avanzadas para ofrecer pronósticos en diferentes áreas, como ventas, comportamiento del cliente, gestión de inventarios y detección de fraudes.

Imagen 3.3: *Imagen creada por IA para representar herramientas de Análisis Predictivo.*

3.3.3.2 Características Principales del Análisis Predictivo

- **Uso de datos históricos:** *Se apoya en registros previos para detectar patrones.*
- **Modelos matemáticos avanzados:** *Emplea regresión, clasificación y redes neuronales.*
- **Automatización de predicciones:** *Genera pronósticos sin intervención manual.*
- **Mejora la toma de decisiones:** *Permite estrategias basadas en datos y no en intuición.*

3.3.3.3 Ventajas del Análisis Predictivo en los Negocios

- **Optimización de ventas:** *Predice la demanda de productos y mejora la gestión del stock.*

- **Personalización del cliente:** *Anticipa preferencias y mejora las estrategias de marketing.*
- **Reducción de riesgos:** *Identifica fraudes, fallos operativos y problemas de producción.*
- **Automatización de procesos:** *Ayuda a la planificación eficiente de recursos.*

3.3.3.4 Selección de la Herramienta de Análisis Predictivo

Para esta demostración práctica, utilizaremos Google AutoML Tables, una plataforma de análisis predictivo accesible que permite crear modelos sin necesidad de conocimientos en programación.

Alternativas de Herramientas de Bajo Umbral Técnico

- **ChatGPT:** *Integración con herramientas de análisis predictivo a través de API.*
- **Google AutoML Tables:** *Plataforma sin código para modelado predictivo.*
- **Tableau con Modelos Predictivos:** *Integración con IA para visualización de tendencias.*
- **IBM Watson Studio:** *Solución empresarial con automatización avanzada.*
- **Microsoft Azure ML:** *Plataforma con modelos pre-entrenados para predicción.*

Inteligencia Artificial	ChatGPT	Google AutoML Tables (Vertex AI)	Tableau con Modelos Predictivos	IBM Watson Studio	Microsoft Azure ML
Descripción o Resumen de la IA	IA basada en modelos de lenguaje avanzado, útil para generar código y ayudar en la implementación de modelos predictivos.	Plataforma de aprendizaje automático automatizado que permite a usuarios sin experiencia entrenar modelos predictivos fácilmente.	Software de visualización de datos con capacidades de modelado predictivo integradas.	Plataforma empresarial para desarrollo de modelos de IA con herramientas colaborativas y opciones de personalización avanzadas.	Servicio en la nube de Microsoft para entrenar y desplegar modelos de Machine Learning con escalabilidad y seguridad.
Ventaja	Fácil de usar para generar código y explicaciones detalladas.	Automatización completa del proceso de Machine Learning.	Integración con bases de datos y herramientas de BI.	Potente en análisis de datos a gran escala y colaboración.	Escalabilidad y compatibilidad con otras soluciones de Microsoft.
Desventaja	No tiene una interfaz de modelado ni capacidad para entrenar modelos directamente.	Menos control sobre los hiperparámetros y estructura del modelo.	Depende de datos estructurados y no es una plataforma ML completa.	Curva de aprendizaje alta y costos adicionales para grandes volúmenes de datos.	Costo basado en uso de recursos, lo que puede ser elevado para proyectos grandes.
Costo de Licencia	Gratis (con limitaciones en la versión API)	Pago por uso (Google Cloud Pricing)	Desde $70/mes por usuario	Pago por uso (IBM Cloud Pricing)	Pago por uso (Azure Cloud Pricing)
¿Por qué escoger esta IA?	Ideal para quienes necesitan asistencia en la implementación y explicación de modelos de análisis predictivo.	Perfecto para usuarios sin experiencia en ML que buscan una solución rápida y automatizada.	Excelente para empresas que ya usan Tableau y quieren agregar predicción sin herramientas externas.	Adecuado para grandes empresas con necesidades avanzadas de IA y colaboración.	Óptimo para quienes ya trabajan con la nube de Microsoft y necesitan integración con otros servicios de Azure.

Tabla 3.3: *Comparación Herramientas de Inteligencia Artificial para Análisis Predictivo.*

Ten en cuenta que los precios y las ofertas pueden variar con el tiempo y según la región. Es recomendable consultar las páginas oficiales de cada herramienta para obtener la información más actualizada y detallada.

3.3.3.5 Optimización del Uso de la Inteligencia Artificial en el Análisis Predictivo

- **Asegurar calidad de datos:** *Datos inconsistentes pueden generar predicciones erróneas. Seleccionar modelos adecuados: Elegir entre regresión, clasificación o clustering según el caso de uso.*
- **Evaluar métricas de rendimiento:** *Medir precisión, sensibilidad y otras métricas relevantes.*
- **Optimización constante:** *Ajustar modelos con nuevos datos para mejorar su precisión con el tiempo.*

3.3.3.6 ChatGPT en Análisis Predictivo

Asistir en la creación de modelos de Machine Learning

- *Generar código en Python (Scikit-learn, TensorFlow, PyTorch, XGBoost, etc.).*
- *Ayudar a limpiar y preprocesar datos para entrenar modelos.*
- *Evaluar modelos y ajustar hiperparámetros.*

Explicar resultados de modelos predictivos

- *Analizar coeficientes de regresión y métricas como RMSE, MAE, R^2.*
- *Interpretar árboles de decisión, redes neuronales y modelos complejos.*

Proporcionar herramientas para predicción de tendencias

- *Aplicar series temporales para predicción (ARIMA, Prophet).*
- *Generar gráficos y análisis exploratorio de datos.*

Automatizar tareas en flujos de trabajo de IA

- *Crear pipelines de datos y modelos predictivos en Jupyter Notebook.*
- *Integrar predicciones en aplicaciones SaaS mediante APIs.*

3.3.3.7 Herramientas de Análisis Predictivo que Pueden Usar ChatGPT

ChatGPT tiene la capacidad de ejecutar código en Python y utilizar librerías especializadas en análisis predictivo, como:

- **Scikit-learn:** *Modelos de clasificación, regresión y clustering.*
- **XGBoost:** *Algoritmo de boosting para predicciones de alta precisión.*
- **Facebook Prophet:** *Predicción de series temporales.*
- **Statsmodels:** *Modelos estadísticos avanzados.*
- **Pandas & NumPy:** *Manipulación y análisis de datos.*
- **Matplotlib & Seaborn:** *Visualización de tendencias y datos.*

3.3.3.8 Aplicaciones Prácticas del Análisis Predictivo

Caso 1: Predicción de Ventas
- **Ejercicio:** *Usar datos históricos de ventas para predecir las tendencias del próximo trimestre.*
- **Objetivo:** *Identificar patrones de crecimiento y optimizar estrategias de venta.*

Caso 2: Segmentación de Clientes
- **Ejercicio:** *Aplicar análisis predictivo para clasificar clientes según comportamiento de compra.*
- **Objetivo:** *Personalizar campañas de marketing y fidelización.*

Caso 3: Reducción de Riesgos en Finanzas
- **Ejercicio:** *Analizar patrones de fraude en transacciones bancarias.*
- **Objetivo:** *Detectar anomalías y prevenir pérdidas económicas.*

Caso 4: Optimización de Inventario

- **Ejercicio:** *Predecir la demanda de productos para evitar escasez o exceso de stock.*
- **Objetivo:** *Mejorar la gestión de inventarios en función de la demanda real.*

Caso 5: Mantenimiento Predictivo
- **Ejercicio:** *Identificar fallas en maquinaria industrial antes de que ocurran averías.*
- **Objetivo:** *Reducir costos de mantenimiento y evitar tiempos de inactividad.*

3.3.3.9 Conclusión del uso de la Inteligencia Artificial en el Análisis Predictivo

El análisis predictivo ha revolucionado la manera en que las empresas toman decisiones estratégicas. A través del uso de herramientas accesibles como Google AutoML Tables, cualquier persona puede implementar modelos de predicción sin necesidad de programar, permitiendo así un aprovechamiento inteligente de los datos.

Dominar estas herramientas no solo mejora la eficiencia operativa, sino que brinda una ventaja competitiva en el mundo digital. En la siguiente sección, exploraremos otras herramientas de IA que pueden complementar este tipo de análisis para potenciar aún más los procesos empresariales y profesionales.

3.3.4 Herramientas de Gestión de Correos

La gestión eficiente del correo electrónico es fundamental en cualquier entorno empresarial. Con el uso de herramientas de inteligencia artificial, es posible automatizar respuestas, organizar bandejas de entrada, priorizar mensajes y extraer información clave sin necesidad de intervención manual. En esta sección, exploraremos una demostración práctica de una plataforma de gestión de correos con IA.

3.3.4.1 Introducción a la Gestión de Correos con Inteligencia Artificial

La gestión de correos con inteligencia artificial permite a los usuarios optimizar el tiempo que dedican a revisar, responder y organizar sus correos electrónicos. Con algoritmos avanzados de procesamiento de lenguaje natural (NLP), estas herramientas pueden clasificar correos automáticamente, generar respuestas inteligentes y evitar la sobrecarga de información.

3.3.4.2 Características Claves de la Gestión de Correos con Inteligencia Artificial

- **Clasificación automática de correos:** *Filtrado de correos por importancia y urgencia.*
- **Respuestas inteligentes:** *Sugerencias de respuestas automáticas según el contenido del mensaje.*
- **Automatización de tareas recurrentes:** *Creación de reglas para archivar, etiquetar o reenviar correos automáticamente.*
- **Integración con otras herramientas:** *Conectividad con CRMs, calendarios y software de gestión de proyectos.*

3.3.4.3 Beneficios de la Gestión de Correos con Inteligencia Artificial en los Negocios

- **Ahorro de tiempo:** *Reduce el esfuerzo manual en la gestión del correo electrónico.*
- **Mayor organización:** *Mejora la categorización y acceso rápido a correos importantes.*
- **Respuestas más rápidas y eficientes:** *Automatiza respuestas frecuentes con IA.*
- **Menos distracciones y mayor productividad:** *Minimiza la sobrecarga de correos no prioritarios.*

3.3.4.4 Selección de la Plataforma de Gestión de Correos

Para esta demostración práctica, utilizaremos Microsoft Outlook con IA y Gmail Smart Reply, dos herramientas ampliamente utilizadas que incorporan inteligencia artificial para mejorar la eficiencia en la gestión del correo electrónico.

Imagen 3.4: *Imagen creada por IA para representar herramientas de gestión de correos.*

Alternativas de Herramientas de Bajo Umbral Técnico

- **Gmail Smart Reply:** *Respuestas inteligentes y filtrado automático en Gmail.*
- **Microsoft Outlook con IA**: *Organización inteligente de correos y sugerencias automatizadas.*
- **Superhuman:** *Plataforma de gestión de correos con automatización avanzada.*
- **Missive:** *Herramienta colaborativa para gestión de correos en equipos.*
- **Microsoft Copilot:** *Si tienes* **Microsoft 365**, *puedes utilizar* **Copilot**, *que integra inteligencia artificial en Outlook.*
- **Power Automate para Conectar Outlook con ChatGPT:** *Power Automate (antes Microsoft Flow) permite automatizar tareas en Outlook usando OpenAI (ChatGPT).*
- **Usando la API de Outlook con ChatGPT (Solución Avanzada):** *Si necesitas una integración personalizada, puedes*

conectar Outlook con ChatGPT usando Python y la API de Microsoft Graph.

- **Zapier para Conectar Outlook con ChatGPT (Sin Código):**
Si no quieres programar, Zapier permite integrar Outlook con ChatGPT de forma visual.

Método	Dificultad	¿Que puedes hacer?	Requisitos
Gmail Smart Reply	Fácil	Sugerir respuestas automáticas en Gmail con IA integrada.	Cuenta de Gmail.
Microsoft Outlook con IA	Fácil	Resumir correos, sugerir respuestas y clasificar emails con IA en Outlook.	Cuenta de Outlook con Microsoft 365.
Superhuman	Media	Automatizar la gestión de correos, con IA que prioriza emails importantes.	Suscripción a Superhuman.
Missive	Media	Gestionar correos colaborativos con IA, etiquetar y responder mensajes.	Cuenta en Missive.
Microsoft Copilot	Fácil	Resumir correos, sugerir respuestas y extraer información clave.	Microsoft 365 con Copilot.
Usando la API de Outlook con ChatGPT	Avanzada	Extraer correos y analizarlos con IA personalizada.	Conocimientos en Python, API de Microsoft y OpenAI.
Zapier para Conectar Outlook con ChatGPT	Fácil	Conectar Outlook con ChatGPT sin necesidad de programar.	Cuenta en Zapier y API de OpenAI.
Power Automate para Conectar Outlook con ChatGPT	Media	Automatizar flujos de trabajo en Outlook y conectar con ChatGPT.	Power Automate, cuenta de Outlook y API de OpenAI.

Tabla 3.4: *Comparación Herramientas de Inteligencia Artificial para la gestión de correos.*

3.3.4.5 Optimización del Uso de Inteligencia Artificial en la Gestión de Correos

- **Usar etiquetas y filtros personalizados:** *Mejorar la organización y búsqueda de correos.*
- **Configurar respuestas automáticas estratégicamente:** *No abusar de las respuestas predeterminadas para mantener una comunicación efectiva.*
- **Revisar periódicamente las reglas y automatizaciones:** *Asegurar que sigan alineadas con las necesidades del usuario.*
- **Integrar con otras herramientas de IA:** *Sincronizar correos con asistentes virtuales y software de gestión.*

3.3.4.6 ChatGPT en Gestión de Correos

Automatización de Respuestas y Redacción de Correos

- *Generar respuestas rápidas y personalizadas para correos electrónicos en función del contexto.*
- *Sugerir respuestas automáticas basadas en mensajes previos y tono de comunicación.*
- *Reescribir y optimizar correos para mejorar claridad, tono y formalidad.*

Organización y Priorización de Correos

- *Clasificar y etiquetar correos automáticamente según urgencia o relevancia.*
- *Resumir correos extensos para identificar puntos clave sin necesidad de leerlos completamente.*
- *Detectar correos importantes o urgentes con base en palabras clave o patrones de comunicación.*

Gestión de Agendas y Recordatorios

- *Extraer fechas y eventos importantes de correos electrónicos y agregarlos automáticamente a un calendario.*
- *Generar recordatorios inteligentes para responder o dar seguimiento a correos pendientes.*
- *Programar respuestas automáticas cuando se está fuera de la oficina o en períodos de alta carga laboral.*

Análisis de Comunicación y Tono de Mensajes

- *Evaluar el tono y la intención de los correos para evitar malentendidos en la comunicación profesional.*
- *Sugerir ajustes en la redacción para hacer los mensajes más claros, persuasivos o empáticos.*
- *Detectar correos potencialmente fraudulentos o de phishing analizando patrones sospechosos en los mensajes.*

3.3.4.7 Herramientas de Gestión de Correos que Pueden Usar ChatGPT

ChatGPT se integra con diversas plataformas para mejorar la gestión del correo electrónico mediante IA. Estas herramientas permiten aprovechar el poder de ChatGPT para hacer más eficiente la gestión del correo electrónico, reduciendo el tiempo invertido en tareas repetitivas y mejorando la productividad:

- **Gmail con Smart Compose:** *Sugerencias automáticas de respuestas y redacción mejorada.*
- **Microsoft Outlook con IA:** *Clasificación inteligente de correos y organización automática de bandejas de entrada.*
- **Superhuman:** *Optimización de la gestión de correos con respuestas rápidas y priorización automática.*
- **Missive:** *Plataforma colaborativa que permite a los equipos gestionar correos con automatización de respuestas.*
- **Zapier + ChatGPT:** *Automatización de flujos de trabajo conectando correos con herramientas de productividad y CRM.*

3.3.4.8 Aplicaciones Prácticas para la Gestión de Correos con Inteligencia Artificial

Caso 1: Atención al Cliente con Respuestas Automatizadas
- **Ejercicio:** *Configurar una respuesta automática para clientes que soliciten información sobre servicios.*
- **Objetivo:** *Reducir el tiempo de respuesta y mejorar la experiencia del cliente.*

Caso 2: Filtrado de Correos Prioritarios
- **Ejercicio:** *Configurar reglas para mover correos importantes a una carpeta específica.*
- **Objetivo:** *Mejorar la organización y evitar perder correos relevantes.*

Caso 3: Extracción de Información de Correos
- **Ejercicio:** *Utilizar IA para identificar fechas y tareas en correos y agregarlas al calendario automáticamente.*
- **Objetivo:** *Integrar la gestión de correos con la planificación de actividades.*

Caso 4: Integración con Herramientas de Productividad
- **Ejercicio:** *Conectar Gmail o Outlook con Slack o Microsoft Teams para recibir notificaciones de correos clave.*
- **Objetivo:** *Mejorar la comunicación y reducir la dependencia del correo electrónico.*

Caso 5: Reducción de Correos No Deseados
- **Ejercicio:** *Configurar filtros avanzados para eliminar correos spam y promocionales no deseados.*
- **Objetivo:** *Reducir la sobrecarga de información y mejorar la productividad.*

3.3.4.9 Conclusión del uso de la Inteligencia Artificial en la Gestión de Correos

La inteligencia artificial aplicada a la gestión del correo electrónico permite optimizar el flujo de trabajo diario, reducir la carga operativa y mejorar la eficiencia en la comunicación profesional. Herramientas como Gmail Smart Reply y Microsoft Outlook con IA facilitan la clasificación, respuesta y automatización de tareas dentro del correo electrónico, brindando más tiempo para enfocarse en actividades estratégicas.

Implementar estas soluciones no solo mejora la productividad, sino que también reduce la fatiga digital y mejora la experiencia del usuario en la gestión de la información. En la siguiente sección, exploraremos cómo estas herramientas pueden combinarse con otras soluciones de IA para potenciar aún más el rendimiento empresarial y personal.

3.3.5 Herramientas de Gestión de Proyectos

La inteligencia artificial aplicada a la gestión de proyectos permite mejorar la planificación, organización y ejecución de tareas de manera eficiente. Con herramientas avanzadas de IA, los equipos pueden automatizar la asignación de tareas, predecir tiempos de entrega y optimizar recursos sin necesidad de conocimientos técnicos avanzados. En esta sección, realizaremos una demostración práctica de una plataforma de gestión de proyectos con IA.

Imagen 3.5: *Imagen creada por IA para representar herramientas de gestión de proyectos.*

3.3.5.1 Introducción a la Gestión de Proyectos con Inteligencia Artificial

La gestión de proyectos con inteligencia artificial facilita el monitoreo de tareas, la asignación de responsabilidades y el seguimiento del progreso en tiempo real. Las herramientas basadas en IA pueden analizar patrones de trabajo, prever riesgos y sugerir mejoras en la ejecución de proyectos.

3.3.5.2 Características Claves de la Gestión de Proyectos con Inteligencia Artificial

- **Automatización de tareas y recordatorios:** *Reduce la gestión manual y mejora la productividad.*
- **Análisis predictivo de plazos:** *Permite anticipar retrasos y ajustar cronogramas.*
- **Optimización de la asignación de recursos:** *Facilita la distribución inteligente de equipos y tareas.*
- **Integración con otras herramientas empresariales:** *Compatible con CRMs, correos electrónicos y plataformas de colaboración.*

3.3.5.3 Beneficios de la Gestión de Proyectos con Inteligencia Artificial en los Negocios

- **Mayor eficiencia en la planificación:** *Reduce errores humanos y mejora la precisión de las estimaciones.*
- **Reducción de costos y tiempos de ejecución:** *Automatiza procesos administrativos y operativos.*
- **Mejora en la comunicación del equipo:** *Facilita la colaboración y el seguimiento en tiempo real.*
- **Toma de decisiones basada en datos:** *Ofrece informes y métricas para evaluar el desempeño del proyecto.*

3.3.5.4 Selección de la Plataforma de Gestión de Proyectos

Para esta demostración práctica, utilizaremos Monday.com con IA, una plataforma accesible que optimiza la planificación de proyectos, la asignación de tareas y el análisis de tiempos mediante inteligencia artificial.

Alternativas de Herramientas de Bajo Umbral Técnico

- **Monday.com con IA:** *Plataforma de gestión con automatización inteligente.*
- **Asana con IA:** *Software de gestión de proyectos con automatización de flujos de trabajo.*
- **Trello con IA:** *Tableros visuales optimizados con funciones predictivas.*
- **ClickUp con IA:** *Plataforma todo-en-uno con planificación avanzada de proyectos.*
- **ChatGPT:** *Integración con herramientas de análisis predictivo a través de API.*

Método	Dificultad	¿Que puedes hacer?	Requisitos
Monday.com con IA	Media	Automatizar flujos de trabajo, generar informes con IA y optimizar la asignación de tareas.	Cuenta en Monday.com, suscripción con IA.
Asana con IA	Fácil	Priorizar tareas con IA, automatizar recordatorios y sugerir mejoras en la gestión de proyectos.	Cuenta en Asana, suscripción premium para IA avanzada.
Trello con IA	Fácil	Sugerencias automáticas de tareas, integración con Power-Ups de IA y automatización de tableros.	Cuenta en Trello, Power-Ups de IA disponibles.
ClickUp con IA	Media	Automatizar tareas, generar informes inteligentes y personalizar flujos de trabajo con IA.	Cuenta en ClickUp, suscripción a planes con IA.
ChatGPT	Fácil	Asistir en planificación, generación de ideas, análisis de proyectos y optimización de flujos de trabajo mediante prompts personalizados.	Cuenta en OpenAI para personalizar respuestas y análisis.

Tabla 3.5: *Comparación Herramientas de Inteligencia Artificial para la gestión de correos.*

3.3.5.5 Optimización del Uso de la Inteligencia Artificial en la Gestión de Proyectos

- **Definir objetivos y tiempos de entrega desde el inicio:** *Permite que la IA optimice la planificación.*
- **Automatizar tareas recurrentes:** *Reduce la carga operativa del equipo.*
- **Usar métricas de desempeño:** I*dentificar mejoras en la ejecución de tareas.*
- **Integrar herramientas complementarias:** *Mejorar la colaboración y el flujo de trabajo.*

3.3.5.6 ChatGPT en Gestión de Proyectos

Automatización de Planificación y Asignación de Tareas

- *Generar planes de proyecto detallados con cronogramas y fechas de entrega basadas en objetivos.*
- *Asistir en la creación de diagramas de Gantt y flujos de trabajo optimizados.*
- *Sugerir asignación de recursos según prioridades y disponibilidad del equipo.*

Seguimiento y Optimización del Progreso del Proyecto

- *Analizar avances y generar reportes automatizados con métricas clave.*
- *Identificar riesgos y posibles retrasos basados en el desempeño del equipo.*
- *Recomendar ajustes en la planificación para optimizar tiempos de entrega.*

Gestión de Comunicación y Coordinación de Equipos

- *Generar resúmenes de reuniones y seguimiento de acuerdos.*
- *Automatizar respuestas a preguntas frecuentes sobre el estado del proyecto.*
- *Centralizar la información clave del proyecto en reportes accesibles al equipo.*

Análisis Predictivo y Mejora de Procesos

- *Evaluar tendencias en productividad del equipo mediante análisis de datos históricos.*
- *Optimizar flujos de trabajo basados en patrones previos de ejecución.*
- *Sugerir herramientas o metodologías ágiles según las necesidades del proyecto.*

3.3.5.7 Herramientas de Gestión de Proyectos que Pueden Usar ChatGPT

ChatGPT puede integrarse con múltiples plataformas de gestión de proyectos para mejorar la eficiencia en la planificación y ejecución, las siguientes IA que fueron analizadas previamente, se integran con ChatGPT, optimizando las siguientes funciones. Estas herramientas, en conjunto con ChatGPT, permiten una gestión de proyectos más eficiente, reduciendo la carga operativa y mejorando la productividad del equipo:

- **Monday.com con IA:** *Automatización de tareas, análisis de carga de trabajo y optimización de flujos de trabajo.*
- **Asana con IA:** *Generación de tareas, recordatorios inteligentes y predicción de fechas de entrega.*
- **Trello con IA:** *Organización automática de tableros y sugerencias para priorización de tareas.*
- **ClickUp con IA:** *Integración de IA para redacción de documentos, planificación y gestión de sprints.*
- **Notion AI:** *Creación de documentos y bases de conocimiento optimizados con IA para proyectos complejos.*

3.3.5.8 Aplicaciones Prácticas de la Gestión de Proyectos con la Inteligencia Artificial

Caso 1: Planificación Automática de un Proyecto
- **Ejercicio:** *Crear un plan de proyecto en Monday.com y dejar que la IA asigne fechas y responsables.*
- **Objetivo:** *Reducir tiempos de planificación y mejorar la precisión en la asignación de recursos.*

Caso 2: Predicción de Retrasos y Soluciones
- **Ejercicio:** *Usar IA para identificar tareas que podrían generar retrasos y recibir sugerencias de ajustes.*
- **Objetivo:** *Mejorar la capacidad de respuesta ante posibles problemas en el proyecto.*

Caso 3: Automatización de Reportes de Avance
- **Ejercicio:** *Configurar un flujo de IA que genere reportes semanales automáticos sobre el estado del proyecto.*
- **Objetivo:** *Ahorrar tiempo en la creación de reportes manuales y mejorar la visibilidad del proyecto.*

Caso 4: Priorización Inteligente de Tareas
- **Ejercicio:** *Usar IA para analizar qué tareas tienen mayor impacto y priorizarlas.*
- **Objetivo:** *Optimizar la gestión del tiempo y los recursos del equipo.*

Caso 5: Integración con Comunicación en Tiempo Real
- **Ejercicio:** *Configurar alertas automatizadas en Slack o Microsoft Teams sobre cambios en el proyecto.*
- **Objetivo:** *Mantener a todos los miembros del equipo actualizados sin necesidad de correos manuales.*

3.3.5.9 Conclusión del uso de la Inteligencia Artificial en la Gestión de Correos

El uso de IA en la gestión de proyectos permite a los equipos organizarse de manera más eficiente, reducir tiempos de ejecución y mejorar la comunicación en tiempo real. Herramientas como Monday.com, Asana y Trello con IA ofrecen soluciones accesibles para optimizar la planificación y garantizar el éxito de los proyectos sin necesidad de conocimientos técnicos avanzados.

Adoptar estas plataformas permite a los equipos trabajar de forma más estratégica, enfocándose en la innovación y la ejecución efectiva de cada proyecto. En la siguiente sección, exploraremos cómo complementar la gestión de proyectos con otras herramientas de IA para potenciar aún más la eficiencia empresarial.

3.3.6 Herramientas de Diseño Gráfico y Creación de Imágenes

El diseño gráfico y la creación de imágenes han evolucionado con el uso de la inteligencia artificial, permitiendo a profesionales y empresas generar contenido visual de alta calidad sin necesidad de habilidades avanzadas en diseño. Herramientas con IA permiten la automatización del diseño, la generación de imágenes a partir de texto y la personalización de contenido visual en segundos. En esta sección, realizaremos una demostración práctica de una plataforma de diseño gráfico con IA.

Imagen 3.6: *Imagen creada por IA para representar herramientas de diseño gráfico y la creación de imágenes.*

3.3.6.1 Introducción al Diseño Gráfico y Creación de Imágenes con Inteligencia Artificial

La inteligencia artificial en el diseño gráfico permite a los usuarios crear imágenes personalizadas, editar fotografías y optimizar gráficos mediante el uso de modelos generativos y algoritmos de optimización visual. Estas herramientas facilitan la creación de contenido atractivo sin necesidad de software complejo ni conocimientos avanzados en diseño.

3.3.6.2 Características Claves del Diseño y Creación de Imágenes con Inteligencia Artificial

- **Generación automática de imágenes:** *Creación de gráficos a partir de descripciones de texto.*
- **Edición asistida por IA:** *Mejora y optimización de imágenes con inteligencia artificial.*
- **Automatización del diseño:** *Plantillas inteligentes adaptadas a las necesidades del usuario.*
- **Integración con herramientas de contenido:** *Compatibilidad con redes sociales, presentaciones y publicidad digital.*

3.3.6.3 Beneficios del Diseño Gráfico y Creación de Imágenes con IA en los Negocios

- *Ahorro de tiempo en la creación de contenido visual.*
- *Mayor accesibilidad para usuarios sin experiencia en diseño.*
- *Personalización y generación de imágenes únicas.*
- *Optimización de gráficos para marketing y redes sociales.*

3.3.6.4 Selección de la Plataforma de Diseño Gráfico y Creación de Imágenes con Inteligencia Artificial

Para esta demostración práctica, utilizaremos Canva con IA, una plataforma que incorpora herramientas de inteligencia artificial para la generación y edición de contenido visual de manera intuitiva.

Alternativas de Herramientas de Bajo Umbral Técnico

- **Canva con IA:** *Plataforma accesible con generación automática de diseños.*

- **Adobe Firefly:** *Creación de imágenes a partir de texto con IA generativa.*

- **Deep Dream Generator:** *Generación de arte digital con redes neuronales.*

- **Runway ML:** *Edición y creación de contenido multimedia con inteligencia artificial.*

- **DALL-E:** *Creación de imágenes a partir de texto con ChatGPT.*

Método	Dificultad	¿Que puedes hacer?	Requisitos
Canva con IA	Fácil	Generar imágenes, editar gráficos y mejorar diseños con IA integrada en Canva.	Cuenta en Canva con acceso a herramientas de IA.
Adobe Firefly	Media	Crear imágenes de alta calidad, editar contenido con IA generativa y ajustar estilos de arte.	Cuenta en Adobe con suscripción a Firefly.
Deep Dream Generator	Fácil	Aplicar efectos de IA en imágenes, transformar fotos y generar arte digital basado en redes neuronales.	Cuenta en Deep Dream Generator, créditos para generación de imágenes.
Runway ML	Media	Crear videos y efectos visuales con IA, mejorar imágenes y generar contenido multimedia.	Cuenta en Runway ML, suscripción para herramientas avanzadas.
DALL-E	Fácil	Generar imágenes desde texto con IA avanzada, modificar contenido visual y mejorar detalles gráficos.	Cuenta en OpenAI, acceso a DALL-E para generación de imágenes.

Tabla 3.6: *Comparación Herramientas de Inteligencia Artificial para el diseño gráfico y la creación de imágenes.*

3.3.6.5 Optimización del Uso de la Inteligencia Artificial en el Diseño Gráfico y Creación de Imágenes

- **Definir el propósito de la imagen antes de generarla:** *Garantiza coherencia visual.*
- **Aprovechar la personalización de estilos:** *Ajustar detalles para diferenciarse.*
- **Usar formatos de alta calidad para impresión y digital:** *Asegurar versatilidad en el uso del contenido.*
- **Integrar el diseño con estrategias de marketing y comunicación:** *Maximizar el impacto visual.*

3.3.6.6 ChatGPT en el Diseño Gráfico y Creación de Imágenes

Asistir en la Creación de Conceptos y Diseños

- *Generar ideas de diseño para logotipos, banners, presentaciones y branding.*
- *Sugerir combinaciones de colores y tipografías basadas en teorías de diseño y tendencias actuales.*
- *Crear descripciones detalladas para generación de imágenes con IA en herramientas como DALL·E o MidJourney.*

Optimización y Edición de Imágenes

- *Recomendar ajustes en imágenes como contraste, saturación y brillo para mejorar la calidad visual.*
- *Generar prompts optimizados para IA generativa y obtener mejores resultados gráficos.*
- *Convertir bocetos en descripciones detalladas para que sean interpretadas por IA generativa.*

Automatización de la Creación de Contenido Visual

- *Generar plantillas personalizadas para redes sociales, presentaciones y campañas de marketing.*

- *Sugerir ajustes en composición y diseño para mejorar la estética de una imagen.*
- *Ayudar en la personalización de imágenes para campañas publicitarias basadas en segmentación de audiencias.*

Desarrollo de Contenido Visual para Diferentes Plataformas

- *Crear contenido visual adaptado a diferentes formatos y plataformas (Instagram, YouTube, LinkedIn, etc.).*
- *Proponer estilos gráficos y adaptaciones para contenido impreso y digital.*
- *Explicar principios básicos de diseño como la teoría del color, la regla de los tercios y la composición visual.*

3.3.6.7 Herramientas de Diseño Gráfico y Creación de Imágenes que Pueden Usar ChatGPT

ChatGPT puede integrarse con varias herramientas de diseño gráfico y generación de imágenes para mejorar la creatividad y automatizar procesos. Estas herramientas, combinadas con ChatGPT, facilitan la automatización del proceso creativo, optimizan la generación de contenido visual y permiten a cualquier persona sin conocimientos avanzados en diseño crear gráficos de alta calidad:

- **DALL·E (OpenAI):** *Generación de imágenes a partir de texto mediante inteligencia artificial.*
- **Canva con IA:** *Sugerencias automáticas de diseño, generación de gráficos y mejora de imágenes.*
- **Adobe Firefly:** *Creación de imágenes y gráficos mediante generación de prompts avanzados.*
- **Runway ML:** *Edición y generación de contenido visual basado en IA para video y diseño.*
- **Deep Dream Generator:** *Transformación de imágenes con redes neuronales para crear efectos artísticos únicos.*
- **Eleven Lab:** *Generación de audios a partir de texto mediante inteligencia artificial.*

3.3.6.8 Aplicaciones Prácticas del Diseño Gráfico y Creación de Imágenes con Inteligencia Artificial

Caso 1: Creación de Publicaciones para Redes Sociales
- **Ejercicio:** *Generar una imagen optimizada para una campaña de marketing en Instagram.*
- **Objetivo:** *Facilitar la creación de contenido visual atractivo sin necesidad de un diseñador.*

Caso 2: Automatización del Diseño de Presentaciones
- **Ejercicio:** *Usar IA para generar diapositivas con elementos gráficos optimizados.*
- **Objetivo:** *Agilizar la preparación de presentaciones empresariales y educativas.*

Caso 3: Personalización de Gráficos para Blogs y Artículos
- **Ejercicio:** *Generar ilustraciones personalizadas a partir de temas específicos.*
- **Objetivo:** *Crear contenido visual original para acompañar artículos o publicaciones.*

Caso 4: Diseño de Anuncios Publicitarios
- **Ejercicio:** *Usar IA para diseñar anuncios con tipografía, imágenes y colores optimizados.*
- **Objetivo:** *Mejorar la efectividad visual de campañas de publicidad digital.*

Caso 5: Generación de Arte Digital
- **Ejercicio:** *Crear ilustraciones únicas con herramientas de IA generativa.*
- **Objetivo:** *Explorar la creatividad con nuevas formas de expresión visual.*

3.3.6.9 Conclusión del uso de la Inteligencia Artificial en el Diseño Gráfico y Creación de Imágenes

El uso de IA en el diseño gráfico permite democratizar la creación de contenido visual, haciendo que cualquier persona pueda generar imágenes de alta calidad sin necesidad de habilidades avanzadas. Herramientas como Canva con IA, Adobe Firefly y Deep Dream Generator ofrecen soluciones accesibles para diseñar desde publicaciones en redes hasta presentaciones y anuncios publicitarios.

Adoptar estas plataformas permite mejorar la eficiencia en la producción de contenido visual y potenciar estrategias de comunicación visual en cualquier tipo de negocio. En la siguiente sección, exploraremos cómo la IA puede integrarse con otras herramientas de automatización permitiendo también optimizar aún más la gestión del contenido digital.

3.3.7 Herramientas de Automatización de Procesos

La automatización mediante inteligencia artificial ha revolucionado la manera en que las empresas y profesionales gestionan sus procesos. A través de herramientas accesibles, es posible optimizar flujos de trabajo, reducir tiempos operativos y mejorar la productividad sin necesidad de conocimientos técnicos avanzados. En esta sección, realizaremos una demostración práctica de una plataforma de automatización con IA.

Imagen 3.7: *Imagen creada por IA para representar herramientas de Automatización de Procesos.*

3.3.7.1 Introducción a la Automatización de Procesos con Inteligencia Artificial

La automatización con inteligencia artificial permite a los usuarios configurar flujos de trabajo que ejecuten tareas repetitivas de forma autónoma, reduciendo la carga manual y minimizando errores humanos.

3.3.7.2 Características Claves de la Automatización de Procesos con Inteligencia Artificial

- **Automatización de tareas repetitivas:** *Reducción del tiempo invertido en procesos manuales.*
- **Integración con múltiples herramientas:** *Conectividad con software de uso diario (correo, CRM, bases de datos, etc.).*
- **Optimización de flujos de trabajo:** *Mejora de la eficiencia operativa y reducción de errores.*
- **Configuración sin código:** *Interfaces accesibles para usuarios sin conocimientos técnicos.*

3.3.7.3 Beneficios de la Automatización con Inteligencia Artificial en los Negocios

- **Incremento de la productividad:** *Permite enfocarse en tareas estratégicas en lugar de operativas.*
- **Ahorro de costos operativos:** *Reduce la necesidad de intervención manual y tiempos de ejecución.*
- **Mayor precisión y consistencia:** *Minimiza errores en tareas repetitivas y administrativas.*
- **Disponibilidad 24/7:** *Los flujos de trabajo pueden ejecutarse en cualquier momento sin interrupciones.*

3.3.7.4 Selección de la Plataforma de Automatización de Procesos con Inteligencia Artificial

Para esta demostración práctica, utilizaremos Zapier, una plataforma de automatización accesible y de bajo umbral técnico que permite conectar aplicaciones y automatizar procesos sin necesidad de programar.

Alternativas de Herramientas de Bajo Umbral Técnico

- **Zapier:** *Plataforma líder en integración y automatización sin código.*
- **Make (anteriormente Integromat***): Herramienta flexible para crear flujos de trabajo avanzados.*
- **Microsoft Power Automate:** *Solución para automatización en entornos empresariales de Microsoft.*
- **n8n:** *Plataforma de código abierto para automatización de procesos con IA.*
- **ChatGPT:** *Integración con herramientas de automatización de procesos a través de API.*

Método	Dificultad	¿Que puedes hacer?	Requisitos
Zapier	Fácil	Automatizar tareas y conectar aplicaciones sin necesidad de programación.	Cuenta en Zapier, suscripción para funciones avanzadas.
Make (anteriormente Integromat)	Media	Crear automatizaciones complejas con lógica avanzada y múltiples pasos.	Cuenta en Make, créditos o suscripción para más automatizaciones.
Microsoft Power Automate	Media	Automatizar flujos de trabajo dentro del ecosistema de Microsoft.	Cuenta en Microsoft 365, acceso a Power Automate.
n8n	Avanzada	Crear automatizaciones personalizadas con código abierto y gran flexibilidad.	Instalación local o en la nube, conocimientos técnicos avanzados.
ChatGPT	Fácil	Optimizar la gestión de proyectos con generación de ideas, asistencia en tareas y análisis de datos.	Cuenta en OpenAI para personalizar respuestas y análisis.

Tabla 3.7: *Comparación Herramientas de Inteligencia Artificial para la Automatización de Proceso.*

3.3.7.5 Optimización del Uso de la Inteligencia Artificial en la Automatización de Procesos

- **Definir procesos clave antes de automatizar:** *Identificar tareas repetitivas que realmente necesitan optimización mediante IA.*
- **Evitar la sobre automatización:** *No todas las tareas deben automatizarse; priorizar aquellas que ahorren tiempo sin comprometer la calidad.*

- **Usar reglas de automatización dinámicas:** *Configurar flujos de trabajo que se adapten a cambios y excepciones dentro de los procesos.*
- **Evaluar el rendimiento de las automatizaciones:** *Medir el impacto en eficiencia y productividad, ajustando parámetros según sea necesario.*
- **Integrar con otras herramientas de IA:** *Sincronizar la automatización con chatbots, asistentes virtuales y plataformas de datos para mejorar la funcionalidad.*

3.3.7.6 ChatGPT en la Automatización de Procesos

Automatización de Flujos de Trabajo

- *Generar scripts y flujos de trabajo para automatizar tareas repetitivas.*
- *Optimizar la gestión de documentos y archivos, clasificando, etiquetando y almacenando información automáticamente.*
- *Crear flujos de aprobación automatizados para solicitudes internas, reduciendo tiempos de respuesta.*

Gestión de Datos y Reportes

- *Extraer, procesar y organizar datos desde múltiples fuentes para generar reportes automatizados.*
- *Convertir datos sin estructura en información útil mediante análisis y categorización.*
- *Generar resúmenes de informes y documentos de manera eficiente.*

Automatización de la Comunicación

- *Redactar y programar correos electrónicos automatizados, adaptando el tono y el contenido según el destinatario.*
- *Automatizar respuestas a preguntas frecuentes en correos y chats mediante IA conversacional.*
- *Generar y programar contenido en redes sociales, optimizando tiempos de publicación.*

Integración con Plataformas Empresariales

- *Optimizar procesos en CRM y ERP, mejorando la gestión de clientes y operaciones.*
- *Automatizar la actualización de bases de datos, asegurando la consistencia de la información.*
- *Facilitar la integración con herramientas de terceros mediante APIs y flujos de trabajo personalizados.*

3.3.7.7 Herramientas de Automatización de Procesos que Pueden Usar ChatGPT

ChatGPT se integra con diversas plataformas de automatización para mejorar la eficiencia operativa y reducir tareas repetitivas. Estas herramientas, combinadas con ChatGPT, permiten optimizar procesos, mejorar la productividad y reducir la carga operativa en entornos empresariales y profesionales:

- **Zapier:** *Automatización de tareas sin necesidad de código, integrando múltiples aplicaciones.*
- **Make (Integromat):** *Creación de flujos de trabajo avanzados con reglas personalizadas.*
- **Power Automate (Microsoft):** *Automatización de procesos empresariales en el ecosistema de Microsoft.*
- **UiPath:** *Automatización robótica de procesos (RPA) para tareas administrativas repetitivas.*
- **N8n:** *Plataforma de automatización de código abierto con integración de múltiples servicios.*

3.3.7.8 Aplicaciones Prácticas de la Automatización con Inteligencia Artificial

Caso 1: Automatización de Respuestas en Atención al Cliente
- **Ejercicio:** *Configurar un chatbot que envíe respuestas automáticas a preguntas frecuentes en WhatsApp.*

- **Objetivo:** *Mejorar la velocidad y calidad del soporte al cliente.*

Caso 2: Gestión de Correos y Documentos
- **Ejercicio:** *Crear una automatización que guarde archivos adjuntos de correos en Google Drive y notifique en Slack.*
- **Objetivo:** *Reducir el tiempo de gestión manual de documentos.*

Caso 3: Seguimiento de Prospectos en Ventas
- **Ejercicio:** *Configurar una integración entre un CRM y Google Sheets para registrar nuevos prospectos automáticamente.*
- **Objetivo:** *Agilizar la actualización de datos en tiempo real y mejorar la organización del equipo de ventas.*

Caso 4: Publicación de Contenidos en Redes Sociales
- **Ejercicio:** *Programar una automatización que publique contenido en redes sociales según un calendario establecido.*
- **Objetivo:** *Asegurar una presencia constante en redes sin necesidad de gestión manual diaria.*

Caso 5: Automatización de Recordatorios y Tareas
- **Ejercicio:** *Configurar un flujo que envíe recordatorios de tareas importantes a Slack o Microsoft Teams.*
- **Objetivo:** *Mejorar la organización y gestión del tiempo en equipos de trabajo.*

3.4 Resumen de las Herramientas de la Inteligencia Artificial de Bajo Umbral Técnico

Las herramientas de IA de bajo umbral técnico han demostrado ser fundamentales para optimizar procesos sin necesidad de conocimientos avanzados en tecnología. A lo largo de esta sección, exploramos diversas plataformas que permiten automatizar tareas, mejorar la productividad y optimizar la gestión de recursos en múltiples áreas. Desde la creación de contenido visual hasta la automatización de correos y la gestión de proyectos, la IA ha facilitado la integración de soluciones inteligentes en el entorno empresarial y profesional.

Cada demostración práctica ha permitido comprender cómo estas herramientas pueden ser aplicadas en distintos contextos, mejorando la eficiencia y reduciendo la carga operativa en las tareas diarias. A través del uso de IA en plataformas como Canva, Monday.com, Gmail, Zapier y otras soluciones especializadas, hemos visto cómo la tecnología puede adaptarse a las necesidades de cada usuario, brindando opciones accesibles y escalables.

Ahora es momento del llamado a la acción, ahora que has explorado el potencial de las herramientas de IA de bajo umbral técnico, es el momento de aplicarlas en tu entorno laboral y profesional. No dejes que la curva de aprendizaje te límite: comienza probando una de estas plataformas y descubre cómo la IA puede transformar la manera en que trabajas.

Toma acción ahora:
- *Experimenta con una herramienta de IA y automatiza una tarea repetitiva en tu trabajo.*
- *Implementa una estrategia de IA en tu empresa para optimizar procesos.*
- *Explora nuevas formas de mejorar tu productividad con las soluciones presentadas.*

En el siguiente capítulo, profundizaremos en estrategias avanzadas de identificación e integración de procesos a la IA y cómo maximizar su impacto en el mundo empresarial y profesional.

La IA no es el futuro, es el presente. Aquellos que la adopten primero tendrán una ventaja competitiva. ¿Estás listo para dar el siguiente paso? ¡Empieza hoy y transforma tu manera de trabajar con inteligencia artificial!

CAPÍTULO IV

IDENTIFICAR PROCESOS QUE PUEDEN SER OPTIMIZADOS CON INTELIGENCIA ARTIFICIAL

Capitulo IV
Identificar Procesos que Pueden Ser Optimizados con Inteligencia Artificial

La identificación de procesos internos es el primer paso para determinar qué áreas pueden beneficiarse de la inteligencia artificial. Mediante el mapeo de procesos, se pueden visualizar y analizar las tareas, identificar cuellos de botella y encontrar oportunidades para la automatización y optimización con IA.

4.1 ¿Qué es el Mapeo de Procesos?

El mapeo de procesos es una técnica utilizada para representar gráficamente la secuencia de actividades dentro de una organización. Permite comprender cómo fluyen las tareas, desde la entrada de información hasta la entrega de un resultado final. Este método es clave para mejorar la eficiencia operativa, eliminar redundancias y facilitar la automatización con herramientas de inteligencia artificial.

4.1.1 Beneficios del Mapeo de Procesos

- **Identificación de ineficiencias:** *Facilita la detección de tareas repetitivas, redundantes o con demoras.*
- **Optimización de flujos de trabajo:** *Permite mejorar la coordinación y la asignación de recursos.*
- **Mejora en la toma de decisiones:** *Brinda información basada en datos sobre áreas que pueden beneficiarse de la IA.*
- **Facilita la integración de tecnología:** *Identifica qué tareas pueden automatizarse con herramientas de IA.*

4.1.2 Tipos de Mapas de Procesos

Existen varios tipos de mapas de procesos que se utilizan según el nivel de detalle requerido y el propósito del análisis:

Mapa de Flujo de Trabajo (Workflow Diagram)

- *Representa las tareas y el flujo de información entre personas, departamentos o sistemas.*
- *Ideal para analizar la eficiencia en tareas administrativas y operativas.*

Diagrama de Flujo (Flowchart)

- *Representa visualmente los pasos secuenciales de un proceso.*
- *Utiliza símbolos estandarizados para indicar decisiones, entradas y salidas.*

Imagen 4.1: *Imagen creada por IA para representar la identificación de procesos que pueden ser optimizados.*

Mapa de Procesos de Negocio (Business Process Mapping – BPM)

- *Detalla las actividades clave dentro de una organización.*
- *Se utiliza para documentar procesos estratégicos y operativos.*

Diagrama SIPOC (Supplier, Input, Process, Output, Customer)

- *Muestra la relación entre proveedores, entradas, procesos, salidas y clientes.*
- *Útil para comprender cómo se generan los resultados en un proceso.*

Mapa de Cadena de Valor (Value Stream Mapping – VSM)

- *Representa el flujo de materiales e información en una organización.*
- *Ayuda a reducir desperdicios y mejorar la eficiencia operativa.*

4.1.3 Símbolos de Asignación de Procesos

Los mapas de procesos utilizan símbolos estandarizados para representar distintos elementos:

- **Óvalo:** *Inicio o fin de un proceso.*
- **Rectángulo:** *Tareas o actividades dentro del proceso.*
- **Rombo:** *Punto de decisión, donde el flujo puede tomar distintos caminos.*
- **Flechas:** *Indican la dirección del flujo de trabajo.*
- **Paralelogramo:** *Representa entradas o salidas de datos e información.*

Estos símbolos permiten estructurar visualmente el proceso, facilitando su interpretación y optimización.

4.1.4 Componentes de un Mapa de Procesos

Para realizar un mapeo efectivo, es fundamental comprender los componentes clave que lo conforman:

- **Entradas:** *Información, recursos o insumos necesarios para iniciar el proceso.*

- **Tareas y actividades:** *Secuencia de pasos que se ejecutan dentro del proceso.*
- **Decisiones:** *Puntos de bifurcación donde el flujo puede cambiar dependiendo de condiciones específicas.*
- **Actores y responsables:** *Personas, equipos o sistemas que ejecutan cada actividad.*
- **Resultados o salidas:** *Producto final del proceso, ya sea un servicio, documento o acción completada.*
- **Indicadores de rendimiento:** *Métricas que permiten evaluar la eficiencia del proceso.*
- **Tecnología involucrada:** *Herramientas, software o sistemas utilizados para ejecutar o gestionar el proceso.*

Imagen 4.2: *Imagen creada por IA para ejemplificación de un Mapa de Procesos.*

Cada uno de estos componentes permite analizar el flujo de trabajo actual y determinar qué tareas pueden optimizarse con IA para mejorar la productividad y reducir errores operativos.

4.1.5 Cómo Crear un Mapa de Procesos

Para construir un mapa de procesos eficaz, se deben seguir los siguientes pasos:

- **Definir el objetivo del mapeo:** *¿Se busca optimizar tiempos, reducir costos o automatizar tareas con IA?*

- **Identificar los límites del proceso:** *Determinar dónde inicia y dónde termina el flujo de trabajo.*
- **Listar las actividades clave:** *Documentar cada paso dentro del proceso, desde la entrada hasta la salida.*
- **Asignar responsables:** *Identificar quién o qué sistema ejecuta cada tarea.*
- **Dibujar el mapa utilizando símbolos estandarizados:** *Representar gráficamente el flujo del proceso.*
- **Analizar cuellos de botella y áreas de mejora:** *Identificar qué actividades pueden ser optimizadas o automatizadas con IA.*
- **Implementar mejoras y monitorear resultados:** *Evaluar si la optimización ha generado mejoras en eficiencia y productividad.*

4.1.6 ¿Por qué es Importante el Mapeo de Procesos?

- **Facilita la Identificación de Oportunidades de Automatización:** *Permite encontrar tareas repetitivas y susceptibles de optimización con IA.*
- **Mejora la Eficiencia Operativa:** *Reduce tiempos de ejecución y minimiza errores.*
- **Optimiza la Asignación de Recursos:** *Permite distribuir mejor el trabajo y aprovechar herramientas tecnológicas.*
- **Brinda Mayor Claridad en la Organización:** *Ayuda a documentar procedimientos y entrenar nuevos empleados.*
- **Permite Medir y Mejorar el Rendimiento:** *Facilita la evaluación del desempeño a través de métricas.*

4.1.7 Ejemplo Práctico de Mapeo de Procesos

Caso: Gestión de Solicitudes de Soporte en una Empresa
- **Objetivo**
    Mejorar la gestión de tickets de soporte en el departamento de TI mediante la automatización con IA.
- **Mapa de Procesos Actual:**

1. **Entrada:** *Un usuario envía una solicitud de soporte por correo o plataforma de tickets.*
2. **Registro:** *Un agente de soporte revisa la solicitud y la clasifica manualmente.*
3. **Evaluación:** *Se analiza la urgencia del problema y se asigna a un técnico especializado.*
4. **Resolución:** *El técnico contacta al usuario y soluciona el problema.*
5. **Cierre del Ticket:** *Se documenta la solución y se informa al usuario sobre el cierre del caso.*

- **Problemas detectados**
   - *Procesos manuales en la clasificación y asignación de tickets.*
   - *Demoras en la respuesta debido a la carga de trabajo del equipo de soporte. Falta de categorización automática de problemas recurrentes.*
- **Optimización con IA**
   - *Implementar un chatbot con IA para recibir y clasificar tickets automáticamente.*
   - *Usar procesamiento de lenguaje natural (NLP) para identificar la urgencia de cada solicitud.*
   - *Implementar un sistema de autoservicio con respuestas automatizadas para problemas comunes.*
   - *Integrar IA con la base de datos de soporte para recomendar soluciones en tiempo real.*

El mapeo de procesos permite visualizar el flujo de trabajo dentro de una organización y detectar áreas donde la inteligencia artificial puede optimizar la eficiencia y reducir costos operativos. A través de la automatización, es posible mejorar la asignación de recursos, minimizar errores y acelerar la ejecución de tareas clave.

4.2 Identificar Cuellos de Botella y Áreas de Mejora

Para optimizar los procesos con IA, es esencial identificar los cuellos de botella y las áreas de mejora dentro de la organización. Esto permite entender dónde se generan retrasos, ineficiencias y costos innecesarios.

4.2.1 Cuellos de Botella

Los cuellos de botella son puntos dentro de un proceso donde el flujo de trabajo se ralentiza o se detiene, afectando la eficiencia global. Pueden presentarse por:

- **Falta de automatización:** *Procesos manuales que consumen demasiado tiempo.*

- **Sobrecarga de trabajo:** *Recursos humanos o tecnológicos insuficientes para la demanda.*
- **Falta de integración entre sistemas:** *Dependencia de herramientas que no se comunican entre sí.*
- **Errores y reprocesos:** *Tareas que requieren múltiples revisiones por errores humanos.*
- **Tiempos de espera prolongados:** *Procesos que dependen de aprobaciones o validaciones manuales.*

Imagen 4.3: *Imagen creada por IA para ejemplificación de un cuello de botella.*

4.2.2 Áreas de Mejora

Las áreas de mejora son oportunidades dentro de un proceso donde se pueden aplicar soluciones para optimizar tiempos y recursos. Algunas estrategias incluyen:

- **Automatización de tareas repetitivas:** *Implementar IA para reducir el tiempo invertido en actividades manuales.*
- **Optimización de flujos de trabajo:** *Eliminar pasos innecesarios y mejorar la distribución de recursos.*
- **Mejor integración de herramientas digitales:** *Unificar sistemas para evitar duplicación de información.*
- **Implementación de análisis predictivo:** *Usar IA para anticipar problemas y tomar decisiones basadas en datos.*
- **Capacitación del personal:** *Mejorar el conocimiento sobre herramientas tecnológicas para aumentar la eficiencia.*

4.2.3 Ejemplo Práctico de Identificación de Cuellos de Botella

Caso: Gestión de Inventario en una Empresa Retail
- **Problema**
  - *La empresa tiene dificultades en el control de inventario, generando sobreabastecimiento de productos no esenciales y falta de stock en productos de alta demanda.*
  - *El proceso de actualización de inventario se realiza manualmente, lo que retrasa las órdenes de compra.*
  - *No hay un sistema predictivo que ayude a prever la demanda de productos.*
- **Cuellos de Botella Identificados**
  - *Registro manual de datos en hojas de cálculo.*
  - *Falta de sincronización entre ventas e inventario.*
  - *Demoras en la toma de decisiones por falta de datos en tiempo real.*
- **Solución con IA**
  - *Implementar un sistema de gestión de inventario con IA que prediga la demanda de productos.*
  - *Automatizar la actualización de stock con integración en tiempo real con el punto de venta.*

- o Utilizar modelos de Machine Learning para detectar tendencias de compra y ajustar inventarios de manera proactiva.

La identificación de cuellos de botella y áreas de mejora es un paso esencial en la optimización de procesos con IA. A través del análisis detallado y la implementación de tecnología adecuada, las organizaciones pueden mejorar su eficiencia operativa y reducir costos. En la próxima sección, exploraremos ejemplos con estrategias para aplicar IA en la optimización de procesos empresariales.

4.3 Ejemplos Prácticos de Mapeo de Procesos, Cuellos de Botella y Áreas de Mejora

A continuación, se presentan algunos ejemplos de situaciones de mapeo de procesos, con un enfoque en la identificación de cuellos de botella, oportunidades de IA y la representación visual del proceso optimizado.

Ejemplo 1: Gestión de Pedidos en una Tienda Online
- **Caso de Estudio:** *Un e-commerce tarda demasiado tiempo en procesar y confirmar pedidos, lo que genera demoras en la entrega y quejas de clientes.*
- **Cuellos de Botella y Áreas de Mejora:** *Procesamiento manual de pedidos y falta de integración con el inventario en tiempo real.*
- **Oportunidades de IA:** *Implementar un chatbot para confirmar pedidos automáticamente y un sistema de IA para predecir la demanda.*
- **Creación del Mapa de Procesos:** *Se genera un diagrama de flujo donde se optimiza la automatización en la recepción y validación de pedidos.*
- **Resultado Esperado:** *Reducción del tiempo de procesamiento de pedidos y mejora en la experiencia del cliente.*

Ejemplo 2: Atención al Cliente en una Empresa de Telecomunicaciones

- **Caso de Estudio:** *Los clientes deben esperar largos tiempos para ser atendidos por un agente de soporte.*
- **Cuellos de Botella y Áreas de Mejora:** *Alta demanda de consultas repetitivas y asignación ineficiente de agentes.*
- **Oportunidades de IA:** *Implementar un sistema de IA con respuestas automatizadas para preguntas frecuentes.*
- **Creación del Mapa de Procesos:** *Se optimiza el flujo de atención con un chatbot que filtra consultas antes de transferir a un agente.*
- **Resultado Esperado:** *Reducción del tiempo de espera y mayor satisfacción del cliente.*

Ejemplo 3: Procesamiento de Facturas en una Empresa de Servicios
- **Caso de Estudio:** *La validación y registro de facturas toma varios días, retrasando pagos y afectando la relación con proveedores.*
- **Cuellos de Botella y Áreas de Mejora:** *Dependencia de procesos manuales en la revisión de facturas.*
- **Oportunidades de IA:** *Uso de IA para digitalizar y clasificar facturas automáticamente.*
- **Creación del Mapa de Procesos:** *Se optimiza el flujo con reconocimiento de texto y automatización del registro.*
- **Resultado Esperado:** *Reducción del tiempo de validación y aumento en la precisión del registro contable.*

Ejemplo 4: Selección y Reclutamiento de Personal
- **Caso de Estudio:** *Recursos Humanos demora semanas en filtrar candidatos para entrevistas.*
- **Cuellos de Botella y Áreas de Mejora:** *Evaluación manual de currículums y falta de herramientas para preselección.*
- **Oportunidades de IA:** *Implementación de IA para filtrar candidatos según criterios predefinidos.*
- **Creación del Mapa de Procesos:** *Se automatiza la selección preliminar para reducir tiempos de contratación.*
- **Resultado Esperado:** *Procesos de selección más rápidos y eficientes.*

Ejemplo 5: Gestión de Inventarios en un Almacén
- **Caso de Estudio:** *Falta de stock en productos de alta demanda y exceso de productos de baja rotación.*
- **Cuellos de Botella y Áreas de Mejora:** *Falta de predicción en la demanda y conteo manual de inventario.*
- **Oportunidades de IA:** *Uso de IA para analizar patrones de compra y optimizar inventarios.*
- **Creación del Mapa de Procesos:** *Se digitaliza el proceso de conteo y reposición automática.*
- **Resultado Esperado:** *Reducción de costos por almacenamiento innecesario y mejora en la disponibilidad de productos.*

Ejemplo 6: Procesamiento de Solicitudes de Crédito
- **Caso de Estudio:** *Evaluación manual de solicitudes de crédito que tarda semanas en completarse.*
- **Cuellos de Botella y Áreas de Mejora:** *Revisión manual de historial crediticio y documentación.*
- **Oportunidades de IA:** *Implementación de IA para analizar riesgos y automatizar decisiones preliminares.*
- **Creación del Mapa de Procesos:** *Se digitaliza la revisión y filtrado de solicitudes con IA.*
- **Resultado Esperado:** *Procesos de aprobación más rápidos y reducción de riesgos en créditos.*

Ejemplo 7: Análisis de Opiniones de Clientes en Redes Sociales
- **Caso de Estudio:** *Una empresa quiere entender mejor la percepción de los clientes sobre su marca.*
- **Cuellos de Botella y Áreas de Mejora:** *Análisis manual de comentarios en redes sociales.*
- **Oportunidades de IA:** *Uso de IA para análisis de sentimiento y clasificación de opiniones.*
- **Creación del Mapa de Procesos:** *Se automatiza la recopilación y categorización de datos en tiempo real.*
- **Resultado Esperado:** *Mejora en la toma de decisiones estratégicas basadas en datos.*

Ejemplo 8: Optimización de Producción en una Fábrica
- **Caso de Estudio:** *Retrasos en la línea de ensamblaje afectan la entrega de productos.*
- **Cuellos de Botella y Áreas de Mejora:** *Desperdicio de materiales y baja eficiencia en la producción.*
- **Oportunidades de IA:** *Implementación de IA para ajustar tiempos y reducir desperdicios.*
- **Creación del Mapa de Procesos:** *Se optimiza la línea de producción con sensores y aprendizaje automático.*
- **Resultado Esperado:** *Mayor productividad y reducción de costos.*

Ejemplo 9: Gestión de Reservas en un Hotel
- **Caso de Estudio:** *La administración de reservas y cancelaciones es ineficiente.*
- **Cuellos de Botella y Áreas de Mejora:** *Falta de sincronización entre sistemas de reservas y disponibilidad.*
- **Oportunidades de IA:** *Uso de IA para predicción de ocupación y optimización de precios dinámicos.*
- **Creación del Mapa de Procesos:** *Se mejora la gestión con automatización de reservas y predicciones.*
- **Resultado Esperado:** *Mayor eficiencia en la administración de habitaciones y optimización de ingresos.*

Estos ejemplos permiten entender el análisis de procesos internos para encontrar oportunidades y aplicar IA en la optimización de sus operaciones.

4.4 Ejercicios Prácticos para Aplicar el Análisis en la Empresa

El siguiente conjunto de ejercicios permitirá a los participantes aplicar el análisis de procesos en su empresa, identificar oportunidades de mejora y plantear soluciones basadas en inteligencia artificial.

Ejercicio 1: Identificar Cuellos de Botella y Áreas de Mejora
- **Objetivo:** *Examinar un proceso existente y detectar los puntos donde se ralentiza el flujo de trabajo.*
- **Actividad:** *Documentar un proceso específico e identificar las principales barreras o problemas.*
- **Resultado esperado:** *Lista de cuellos de botella con posibles soluciones basadas en IA.*

Ejercicio 2: Detección de Oportunidades de IA
- **Objetivo:** *Determinar qué partes del proceso pueden beneficiarse de la automatización o mejora con IA.*
- **Actividad:** *Analizar cada paso del proceso e identificar tareas repetitivas o que requieran toma de decisiones basada en datos.*
- **Resultado esperado:** *Un listado de oportunidades donde la IA puede optimizar tiempos y recursos.*

Ejercicio 3: Creación de los Mapas de Procesos
- **Objetivo:** *Representar visualmente el proceso analizado.*
- **Actividad:** *Elaborar un diagrama de flujo detallado con símbolos estandarizados y los puntos críticos identificados.*
- **Resultado esperado:** *Un mapa de procesos claro y estructurado que refleje el estado actual y mejoras sugeridas.*

Ejercicio 4: Presentación y Evaluación de Resultados
- **Objetivo:** *Exponer los hallazgos del análisis y obtener retroalimentación sobre las posibles mejoras.*
- **Actividad:** *Presentar el mapa de procesos a un equipo de trabajo, explicar las áreas de mejora y debatir posibles soluciones.*
- **Resultado esperado:** *Un plan de acción detallado para la optimización del proceso mediante IA.*

La aplicación de estos ejercicios en una empresa permite comprender en profundidad sus procesos internos, detectar oportunidades de mejora y planificar estrategias de optimización con inteligencia artificial. Al mapear procesos, analizar cuellos de botella y presentar soluciones concretas, los participantes podrán generar cambios significativos en la eficiencia y productividad de sus organizaciones.

4.5 Resumen de Cómo Identificar Procesos que Pueden Ser Optimizados con Inteligencia Artificial

En este capítulo, exploramos cómo las organizaciones pueden identificar procesos internos que pueden ser optimizados con inteligencia artificial, utilizando técnicas como el mapeo de procesos, la detección de cuellos de botella y el análisis de áreas de mejora. Se detallaron distintos tipos de mapas de procesos, su importancia y cómo crearlos de manera efectiva para detectar oportunidades de automatización y optimización.

También presentamos 10 ejercicios prácticos que permiten aplicar estos conceptos en entornos empresariales reales, brindando un marco metodológico para analizar, representar y mejorar procesos con el apoyo de la IA. Estos ejercicios se enfocaron en distintas áreas, como la atención al cliente, la gestión de inventarios, la producción industrial y la administración de recursos humanos, demostrando que la inteligencia artificial tiene aplicaciones en múltiples sectores.

El uso de IA en la optimización de procesos ayuda a mejorar la eficiencia operativa, reducir costos, eliminar tareas repetitivas y tomar mejores decisiones basadas en datos. La clave está en aprender a identificar qué procesos pueden beneficiarse de estas tecnologías y cómo integrarlas de manera efectiva dentro de las organizaciones.

Es el momento de aplicar lo aprendido. La inteligencia artificial no es solo una tendencia, sino una herramienta poderosa que puede transformar la manera en que operan las empresas. Toma acción ahora:

- *Analiza un proceso en tu empresa y detecta posibles cuellos de botella.*
- *Crea un mapa de procesos para visualizar el flujo de trabajo actual.*
- *Identifica tareas repetitivas o ineficientes y evalúa si pueden optimizarse con IA.*

- *Implementa una mejora utilizando herramientas de IA y mide su impacto en la eficiencia.*

Las empresas que adoptan la inteligencia artificial en sus procesos no solo mejoran su productividad, sino que también ganan una ventaja competitiva en el mercado. No dejes pasar la oportunidad de transformar la manera en que trabajas. Comienza a optimizar tus procesos con IA hoy mismo.

CAPÍTULO V

INTEGRACIÓN DE LA INTELIGENCIA ARTIFICIAL EN EL NEGOCIO

Capítulo V
Integración de la Inteligencia Artificial en el Negocio

Adoptar la Inteligencia Artificial (IA) en una organización va más allá de simplemente implementar herramientas tecnológicas; implica una transformación estratégica que redefine procesos, optimiza la toma de decisiones y mejora la eficiencia operativa. Para lograr una integración efectiva, es fundamental comprender qué áreas del negocio pueden beneficiarse de la IA y cómo se puede planificar su implementación de manera estructurada.

En este capítulo, exploraremos los pasos clave para integrar la IA dentro de una empresa, desde la identificación de procesos que pueden ser optimizados hasta la selección de herramientas adecuadas y la gestión del cambio en los equipos de trabajo. Además, abordaremos estrategias para evitar resistencias, medir el impacto de la IA y garantizar su alineación con los objetivos organizacionales a largo plazo.

Imagen 5.1: *Imagen creada por IA para para representar la Integración de la Inteligencia Artificial en el Negocio.*

La IA no es solo una tecnología del futuro, sino una ventaja competitiva en el presente. Las empresas que logren integrarla de manera efectiva podrán mejorar su productividad, ofrecer mejores servicios y mantenerse a la vanguardia en un mercado cada vez más digitalizado.

5.1 Cómo Planificar una Implementación con Inteligencia Artificial Paso a Paso

Para garantizar una integración efectiva de la inteligencia artificial en cualquier negocio, es fundamental seguir una planificación estratégica que permita una adopción exitosa. A continuación, se detallan los pasos clave para una implementación eficiente de IA:

Identificar el Problema a Resolver

Antes de implementar IA, es crucial definir claramente el problema o necesidad dentro del negocio. Algunas preguntas clave para identificarlo son:

- *¿Qué tareas consumen más tiempo y podrían automatizarse?*
- *¿Qué procesos tienen altos márgenes de error y requieren optimización?*
- *¿Qué áreas del negocio podrían beneficiarse de una mejor toma de decisiones basada en datos?*

Definir Objetivos Claros

Una vez identificado el problema, se deben establecer objetivos específicos y medibles. Unos buenos objetivos para la implementación de IA deben incluir:

- **Eficiencia operativa:** *Reducir tiempos de ejecución de tareas en un X%.*
- **Optimización de costos:** *Disminuir costos operativos en un X% mediante la automatización.*
- **Mejor experiencia del cliente:** *Implementar chatbots que reduzcan los tiempos de respuesta.*

- **Toma de decisiones basada en datos:** *Implementar análisis predictivo para optimizar ventas y gestión de inventarios.*

Seleccionar la Herramienta o Tecnología de IA

No todas las soluciones de IA son iguales, por lo que es importante elegir la adecuada para cada caso de uso. Algunas opciones incluyen:

- *Chatbots y asistentes virtuales para mejorar la comunicación con clientes.*
- *Automatización de procesos (RPA) para eliminar tareas repetitivas.*
- *Análisis predictivo y machine learning para optimizar la toma de decisiones.*
- *Reconocimiento de imágenes y voz para mejorar la interacción con usuarios y clientes.*

Preparar los Datos

La IA depende de datos de calidad para generar resultados precisos. Para ello, se deben seguir estos pasos:

- **Recolección de datos:** *Extraer información relevante de bases de datos, formularios o sistemas existentes.*
- **Limpieza y organización:** *Eliminar duplicados, corregir errores y estructurar los datos de forma utilizable.*
- **Etiquetado y categorización:** *Para modelos de machine learning, es crucial contar con datos bien etiquetados.*
- **Almacenamiento y seguridad:** *Asegurar que los datos se almacenen de forma segura y cumpliendo normativas de privacidad.*

Planificar el Desarrollo e Implementación

La implementación de IA debe realizarse en fases para minimizar riesgos. Se recomienda:

- **Fase 1:** *Desarrollo y prueba interna. Testear la solución en un entorno de prueba antes de su despliegue oficial.*
- **Fase 2:** *Implementación progresiva. Aplicar la solución en un área específica antes de expandirla a toda la empresa.*
- **Fase 3:** *Monitoreo y ajuste. Evaluar su rendimiento e iterar mejoras con base en los resultados obtenidos.*

Prueba Piloto

Antes de adoptar la IA a gran escala, es fundamental realizar una prueba piloto. Esta prueba permite:

- *Identificar posibles fallas y realizar ajustes antes del lanzamiento completo.*
- *Medir el impacto real en la eficiencia y productividad.*
- *Obtener retroalimentación del equipo y de los clientes para mejorar la solución.*

La implementación de IA en una empresa requiere una planificación estratégica clara para maximizar su impacto positivo. Siguiendo estos pasos, las organizaciones pueden asegurar una integración efectiva y minimizar riesgos.

En la siguiente sección, exploraremos estrategias para manejar la resistencia al cambio en los equipos y cómo garantizar una adopción exitosa de la inteligencia artificial en el negocio.

5.2 Estrategias para Evitar Resistencias al Cambio en el Equipo

Uno de los mayores desafíos al implementar IA en una empresa es la resistencia al cambio por parte del equipo. Para lograr una adopción exitosa, es fundamental aplicar estrategias que faciliten la transición y aseguren el compromiso de todos los colaboradores.

Comunicación Clara

- *Explicar de manera transparente los beneficios de la IA y cómo mejorará las operaciones diarias.*
- *Abordar inquietudes y desmentir mitos sobre la IA reemplazando empleos.*
- *Fomentar un ambiente de confianza y apertura donde los empleados puedan expresar dudas o preocupaciones.*

Involucrar al Equipo

- *Integrar a los empleados en el proceso de implementación para que sientan que forman parte del cambio.*
- *Escuchar sus ideas sobre cómo la IA puede ayudar a mejorar sus tareas.*
- *Crear equipos de trabajo colaborativos que permitan probar y ajustar las nuevas tecnologías.*

Capacitación

- *Brindar formación sobre el uso de herramientas de IA y su impacto en el negocio.*
- *Desarrollar programas de aprendizaje continuo para actualizar conocimientos.*
- *Proporcionar recursos y apoyo para que los empleados adopten la tecnología sin temor.*

Reconocer el Progreso

- *Celebrar los logros y avances en la integración de la IA dentro del equipo.*
- *Destacar historias de éxito y mejoras obtenidas gracias a la IA.*
- *Recompensar el esfuerzo y la disposición al cambio de los empleados.*

Para que la implementación de IA sea exitosa, es fundamental gestionar la resistencia al cambio con una comunicación efectiva, capacitación y reconocimiento del equipo. Adoptar una estrategia centrada en las personas permitirá una transición más fluida y garantizará que la IA se integre de manera efectiva en la empresa.

En la siguiente sección, se abordarán los aspectos clave para evaluar el impacto de la IA y medir su efectividad en el negocio.

Imagen 5.2: *Imagen creada por IA para para representar las estrategias para evitar resistencias al cambio en el equipo.*

5.3 Evaluar el Impacto de la Inteligencia Artificial y Medir su Efectividad en el Negocio

Para garantizar el éxito de una implementación de IA, es fundamental evaluar su impacto en la organización y medir su efectividad. A continuación, se presentan los elementos clave para realizar una evaluación precisa:

Definir Indicadores de Desempeño (KPIs)

- **Productividad:** *¿La IA ha reducido el tiempo empleado en tareas repetitivas?*
- **Eficiencia operativa:** *¿Se han optimizado los procesos y reducidos errores?*
- **Satisfacción del cliente:** *¿Los usuarios perciben una mejora en la atención y experiencia?*

- **Ahorro de costos:** *¿La implementación ha reducido los gastos operativos?*
- **Toma de decisiones:** *¿La IA ha mejorado la capacidad de predicción y análisis de datos?*

Comparación Antes y Después

- **Análisis de referencia:** Evaluar cómo se realizaban los procesos antes de la implementación de IA.
- **Medición post-implementación:** Comparar los resultados con los valores iniciales para identificar mejoras.
- **Evaluaciones periódicas:** Medir el desempeño en diferentes etapas para detectar áreas de mejora.

Feedback del Equipo y Clientes

- **Encuestas internas:** Evaluar la percepción del equipo sobre el uso de IA.
- **Opiniones de clientes:** Analizar el impacto de la IA en la experiencia del consumidor.
- **Identificación de desafíos:** Recopilar sugerencias para mejorar la implementación.

Ajustes y Optimización Continua

- **Identificación de fallos:** Detectar problemas y realizar ajustes en los modelos de IA.
- **Optimización de algoritmos:** Mejorar el rendimiento con nuevas estrategias de entrenamiento.
- **Expansión de la IA:** Evaluar la posibilidad de aplicar IA en otras áreas del negocio.

Evaluación del Retorno de Inversión (ROI)

- **Cálculo de ahorros operativos:** Comparar los costos iniciales de implementación con los beneficios obtenidos.

- **Impacto en ingresos**: *Medir el aumento en ventas o reducción de pérdidas gracias a la IA.*
- **Tiempo de recuperación de inversión:** *Estimar cuánto tiempo tardará en generarse un retorno positivo.*

La medición del impacto de la IA en el negocio es crucial para garantizar su éxito y sostenibilidad. A través de indicadores claros, retroalimentación constante y optimización continua, las empresas pueden maximizar los beneficios de la inteligencia artificial y tomar decisiones estratégicas basadas en datos reales.

En la siguiente sección, se explorarán estrategias avanzadas para escalar el uso de IA en la organización y garantizar su alineación con los objetivos empresariales a largo plazo.

5.4 Estrategias Avanzadas para Escalar el Uso de la Inteligencia Artificial en la Organización y Garantizar su Alineación con los Objetivos Empresariales a Largo Plazo

Para que la implementación de IA sea sostenible y tenga un impacto duradero en la organización, es necesario adoptar estrategias avanzadas que permitan escalar su uso de manera eficiente y alineada con los objetivos estratégicos de la empresa.

Creación de una Cultura Organizacional Centrada en la IA

- *Fomentar una mentalidad de innovación y adopción tecnológica entre los empleados.*
- *Incluir la IA en la estrategia de negocio y en la toma de decisiones a todos los niveles.*
- *Promover la educación y formación continua en inteligencia artificial.*

Implementación Gradual y Modular

- *Aplicar la IA en áreas específicas antes de expandirla a toda la organización.*
- *Realizar pruebas piloto en departamentos clave para validar su efectividad.*
- *Ajustar y mejorar los sistemas antes de una implementación masiva.*

Integración con Otras Tecnologías Emergentes

- *Conectar la IA con herramientas como Big Data, IoT y Blockchain para potenciar sus capacidades.*
- *Utilizar computación en la nube para escalabilidad y almacenamiento eficiente.*
- *Implementar arquitecturas flexibles que permitan la evolución de los modelos de IA.*

Desarrollo de Equipos Interdisciplinarios

- *Crear equipos de trabajo que combinen expertos en IA con profesionales de distintas áreas del negocio.*
- *Fomentar la colaboración entre departamentos para generar soluciones innovadoras.*
- *Establecer liderazgos internos que promuevan el uso responsable de la IA.*

Medición Continua y Optimización

- *Monitorear el impacto de la IA con métricas claras y ajustarlas conforme a los resultados.*
- *Implementar ciclos de mejora continua para optimizar algoritmos y procesos.*
- *Evaluar el impacto en la satisfacción del cliente y en la eficiencia operativa.*

Gobernanza y Cumplimiento Normativo

- *Asegurar el cumplimiento de regulaciones y normas éticas en el uso de IA.*
- *Establecer políticas internas para el manejo de datos y la transparencia en los modelos de IA.*
- *Definir principios éticos en el uso de inteligencia artificial dentro de la empresa.*

Para que la IA tenga un impacto a largo plazo en la empresa, es fundamental adoptar estrategias que permitan escalar su uso de manera eficiente, alineándola con los objetivos empresariales. Con una implementación progresiva, integración con tecnologías emergentes, desarrollo de talento y monitoreo continuo, las organizaciones pueden garantizar el éxito de la inteligencia artificial en su estructura operativa.

En la siguiente sección, se explorarán casos de éxito de empresas que han logrado escalar su uso de IA y las lecciones aprendidas en su proceso de transformación digital.

5.5 Casos de Éxito de Empresas que Han Logrado Escalar su Uso de la Inteligencia Artificial y Lecciones Aprendidas

La inteligencia artificial ha revolucionado numerosas industrias, permitiendo a las empresas mejorar su eficiencia, optimizar procesos y ofrecer experiencias innovadoras a sus clientes. A continuación, se presentan algunos casos de éxito de empresas que han logrado integrar la IA de manera efectiva y las lecciones clave que se pueden extraer de su transformación digital.

Amazon: IA en la Logística y la Personalización de Compras

- **Cómo lo logró:** *Amazon utiliza IA para optimizar su cadena de suministro y personalizar recomendaciones de productos a sus clientes. Su sistema de predicción de demanda reduce costos de almacenamiento y mejora la eficiencia logística.*

- **Lección aprendida:** *La IA puede transformar la experiencia del usuario y reducir costos operativos mediante el análisis de datos en tiempo real.*

Netflix: IA para la Recomendación de Contenido

- **Cómo lo logró:** *Netflix emplea algoritmos de IA para analizar el comportamiento de los usuarios y ofrecer contenido personalizado. Esto ha incrementado la retención de suscriptores y el tiempo de visualización.*
- **Lección aprendida:** *La personalización mediante IA aumenta la satisfacción del cliente y fortalece la lealtad hacia una marca.*

Tesla: IA en la Conducción Autónoma

- **Cómo lo logró:** *Tesla ha desarrollado sistemas avanzados de conducción autónoma basados en redes neuronales y aprendizaje profundo, mejorando la seguridad y la experiencia de conducción.*
- **Lección aprendida:** *La integración de IA en productos y servicios puede generar ventajas competitivas disruptivas y liderar mercados emergentes.*

Google: IA en el Procesamiento del Lenguaje Natural

- **Cómo lo logró:** *Google ha implementado IA en su motor de búsqueda y en asistentes como Google Assistant, mejorando la precisión de las respuestas y la experiencia de usuario.*
- **Lección aprendida:** *La IA puede optimizar la interacción con los usuarios y ofrecer soluciones más precisas en tiempo real.*

IBM Watson: IA en la Salud

- **Cómo lo logró:** *Watson ha sido utilizado en hospitales para ayudar en el diagnóstico de enfermedades complejas mediante el análisis de grandes volúmenes de datos médicos.*
- **Lección aprendida:** *La IA tiene el potencial de mejorar la precisión y la rapidez en la toma de decisiones críticas.*

Spotify: IA para la Curaduría de Música

- **Cómo lo logró:** *Spotify emplea algoritmos de IA para analizar patrones de escucha y recomendar música personalizada, aumentando la retención de usuarios.*
- **Lección aprendida:** *La IA mejora la experiencia del usuario mediante la personalización y predicción de preferencias.*

Coca-Cola: IA en la Optimización de la Producción y Marketing

- **Cómo lo logró:** *Coca-Cola ha implementado IA en la gestión de inventarios y en la optimización de campañas publicitarias basadas en análisis de datos.*
- **Lección aprendida:** *La IA puede mejorar la eficiencia operativa y maximizar el impacto de las estrategias de marketing.*

Zara: IA en la Predicción de Tendencias de Moda

- **Cómo lo logró:** *Zara emplea modelos de IA para analizar tendencias de compra y ajustar su producción de acuerdo con la demanda del mercado.*
- **Lección aprendida:** *La IA ayuda a reducir desperdicios y a adaptar estrategias comerciales en tiempo real.*

Los casos de éxito analizados demuestran que la IA no es solo una tendencia tecnológica, sino una herramienta estratégica clave para mejorar la competitividad y la eficiencia en los negocios. Las empresas que han adoptado la IA con una visión clara y estrategias bien definidas han logrado optimizar procesos, mejorar la experiencia del cliente y desarrollar productos innovadores.

La lección más importante es que cualquier empresa, independientemente de su tamaño o industria, puede beneficiarse de la inteligencia artificial. La clave está en identificar oportunidades, capacitar equipos y ejecutar una implementación escalable.

En la siguiente sección, se discutirán los desafíos comunes en la integración de IA y cómo superarlos para maximizar su impacto en la organización.

5.6 Desafíos Más Comunes al Implementar la Inteligencia Artificial en las Empresas y Cómo Superarlos

Si bien la inteligencia artificial ofrece múltiples beneficios, su adopción en las empresas presenta desafíos significativos que deben abordarse para garantizar una integración efectiva. A continuación, se presentan los obstáculos más comunes y las estrategias recomendadas para superarlos:

Falta de Conocimiento y Capacitación en IA

- **Desafío:** Muchas empresas carecen del conocimiento técnico necesario para implementar IA de manera efectiva.
- **Solución:**
    - Brindar programas de formación en IA para empleados en diferentes niveles de la organización.
    - Fomentar la cultura del aprendizaje continuo y la actualización tecnológica.
    - Crear equipos interdisciplinarios donde especialistas en IA trabajen junto a expertos en cada área del negocio.

Resistencia al Cambio por Parte del Personal

- **Desafío:** Los empleados pueden temer que la IA reemplace sus trabajos o que la adopción de nuevas tecnologías complique sus tareas.
- **Solución:**
    - Comunicar claramente los beneficios de la IA para mejorar la productividad y reducir tareas repetitivas.
    - Involucrar a los empleados en el proceso de adopción para que vean la IA como una herramienta de apoyo.

- o Ofrecer incentivos y reconocer los logros en la integración de IA.

Datos Insuficientes o de Mala Calidad

- **Desafío:** *La IA requiere datos precisos y bien estructurados para generar resultados óptimos, pero muchas empresas carecen de sistemas adecuados de gestión de datos.*
- **Solución:**
  - o *Implementar procesos de limpieza y estructuración de datos.*
  - o *Usar herramientas de gestión de datos para mejorar la recopilación y almacenamiento.*
  - o *Asegurar el cumplimiento de normativas de privacidad y seguridad de datos.*

Costos Elevados y Limitaciones Presupuestarias

- **Desafío:** *Implementar IA puede ser costoso, especialmente para pequeñas y medianas empresas.*
- **Solución:**
- *Comenzar con soluciones de IA de bajo umbral técnico y expandir gradualmente la implementación.*
- *Explorar herramientas de IA accesibles en la nube para reducir costos de infraestructura.*
- *Buscar programas de financiamiento o asociaciones estratégicas con proveedores de tecnología.*

Dificultades en la Integración con Sistemas Existentes

- **Desafío:** *Muchas empresas dependen de software heredado que no es compatible con soluciones de IA modernas.*
- **Solución:**
  - o *Evaluar la posibilidad de actualizar o migrar gradualmente a sistemas más compatibles con IA.*
  - o *Usar APIs e integraciones para conectar herramientas de IA con sistemas existentes.*

- Implementar un enfoque escalonado para evitar interrupciones en la operación del negocio.

Falta de Estrategia y Objetivos Claros

- **Desafío:** Algunas empresas implementan IA sin una estrategia clara, lo que lleva a resultados ineficientes.
- **Solución:**
  - Definir objetivos específicos y medibles antes de adoptar cualquier herramienta de IA.
  - Establecer métricas clave para evaluar el impacto y ajustar la estrategia en función de los resultados.
  - Asignar roles y responsabilidades claras en el proceso de integración de IA.

Riesgos de Seguridad y Cumplimiento Normativo

- **Desafío:** El uso de IA implica el manejo de grandes volúmenes de datos, lo que puede representar riesgos de seguridad y problemas de cumplimiento legal.
- **Solución:**
  - Implementar políticas de ciberseguridad robustas para proteger los datos y la infraestructura de IA.
  - Asegurar el cumplimiento de regulaciones como GDPR, CCPA y otras normativas aplicables.
  - Monitorear continuamente la seguridad de los sistemas de IA para detectar y prevenir vulnerabilidades.

Expectativas Irrealistas sobre la IA

- **Desafío:** Algunas empresas esperan que la IA resuelva todos sus problemas de inmediato sin comprender sus limitaciones.
- **Solución:**
  - Tener expectativas realistas sobre el tiempo y esfuerzo necesario para obtener resultados.
  - Implementar IA en proyectos específicos con metas alcanzables antes de expandir su uso.

- o Educar a los tomadores de decisiones sobre lo que la IA puede y no puede hacer.

Implementar IA en los negocios es un proceso que requiere planificación, estrategia y una gestión adecuada de los desafíos. Con una preparación adecuada, capacitación constante y una integración progresiva, las empresas pueden superar estos obstáculos y aprovechar al máximo las oportunidades que la inteligencia artificial ofrece.

5.7 Ejercicio: Crear un Plan de Acción Inicial

Para que la integración de IA en un negocio sea efectiva, se debe estructurar un plan de acción claro y viable. A través de los siguientes ejercicios, los participantes podrán diseñar su propio plan de implementación de IA.

Definición del Problema

- *Identificar un área específica del negocio que se beneficiaría de la IA.*
- *Analizar los desafíos actuales en ese proceso y cómo la IA podría ayudar.*
- *Redactar una breve descripción del problema y sus implicaciones.*

Elaboración del Plan

- *Determinar los objetivos clave de la implementación de IA.*
- *Elegir la herramienta o tecnología de IA más adecuada para resolver el problema.*
- *Definir los recursos necesarios (tiempo, personal, software).*
- *Establecer una línea de tiempo con hitos y evaluaciones.*

Presentación de los Planes

- *Cada equipo o participante presentará su plan a un grupo de trabajo.*

- *Recibirán retroalimentación sobre la viabilidad y posibles mejoras.*
- *Ajustarán el plan basado en comentarios antes de la implementación real.*

La planificación estratégica es clave para el éxito de cualquier proyecto de IA. Siguiendo estos pasos, las empresas pueden estructurar un plan de acción bien definido, minimizar riesgos y asegurar una implementación efectiva.

5.8 Resumen de la Integración de la Inteligencia Artificial en el Negocio

La integración de la inteligencia artificial en los negocios es un proceso clave para maximizar la eficiencia operativa y la innovación. En este capítulo, se han abordado estrategias para una adopción efectiva de la IA, superando los desafíos internos y alineándola con los objetivos empresariales a largo plazo.

Se exploraron casos de éxito de empresas como Amazon, Netflix, Tesla, Google, IBM y Spotify, demostrando cómo la IA ha sido utilizada para optimizar procesos logísticos, mejorar la personalización de contenido, impulsar la conducción autónoma, perfeccionar la atención médica y refinar estrategias de marketing. Cada uno de estos ejemplos refuerza la importancia de la IA como una herramienta estratégica para cualquier empresa que busque mantenerse competitiva en la era digital.

Además, se han detallado los pasos esenciales para evaluar el impacto de la IA en la empresa, medir su efectividad y realizar ajustes para garantizar un crecimiento sostenido.

La IA ya no es opcional: *es una necesidad para las empresas que buscan optimizar su desempeño y asegurar su crecimiento.* **¡Es momento de actuar!**

Evalúa el estado actual de tu empresa. *Identifica procesos ineficientes o áreas que podrían beneficiarse de la IA.*

Define una estrategia clara de implementación. *Elige herramientas accesibles y establece objetivos medibles para su adopción.*

Capacita a tu equipo en el uso de IA. *Una empresa preparada tecnológicamente es una empresa más competitiva.*
Implementa IA en fases y mide su impacto. *Adopta un enfoque gradual, analizando datos y ajustando estrategias según los resultados obtenidos.*

Inspírate en los casos de éxito y adáptalos a tu negocio. *Aprende de las empresas líderes y encuentra la mejor forma de integrar IA en tu entorno.*

El futuro pertenece a quienes adoptan la tecnología de manera estratégica. No te quedes atrás: inicia hoy el camino hacia una transformación digital exitosa con la inteligencia artificial.

CAPÍTULO VI

CONSIDERACIONES ÉTICAS Y LEGALES DE LA INTELIGENCIA ARTIFICIAL

Capítulo VI
Consideraciones Éticas y Legales

El avance de la Inteligencia Artificial (IA) ha transformado industrias y redefinido la manera en que interactuamos con la tecnología. Sin embargo, su implementación conlleva importantes desafíos éticos y legales que no pueden ser ignorados. La privacidad, la transparencia en la toma de decisiones, la equidad en los modelos de IA y la responsabilidad humana son aspectos cruciales que deben abordarse para garantizar un uso seguro y confiable de estas tecnologías.

En este capítulo, exploraremos las principales consideraciones éticas y normativas que rodean la IA, desde la protección de datos personales hasta la prevención de sesgos algorítmicos y la rendición de cuentas en la toma de decisiones automatizadas. También analizaremos el papel de las regulaciones globales y las mejores prácticas para implementar soluciones de IA de manera responsable dentro de una organización.

Imagen 6.1: *Imagen creada por IA para para representar las consideraciones éticas y legales.*

La IA tiene el poder de potenciar el progreso, pero su uso indebido puede generar riesgos y desigualdades. Por ello, comprender y aplicar principios éticos en su desarrollo e integración no es solo una obligación legal, sino una responsabilidad para construir un futuro donde la IA beneficie a todos de manera equitativa.

6.1 Privacidad y Protección de Datos

La privacidad y la protección de datos son aspectos fundamentales en la implementación de inteligencia artificial dentro de cualquier organización. La creciente recopilación, almacenamiento y procesamiento de datos con IA conlleva responsabilidades legales y éticas que no pueden ser ignoradas. En esta sección, se abordarán los aspectos clave para garantizar el cumplimiento normativo y la seguridad de los datos.

Importancia de la Privacidad

- **Confianza del usuario:** *La privacidad es un derecho fundamental y un pilar esencial para construir relaciones de confianza con clientes y empleados. La implementación de IA debe garantizar que los datos personales se manejen de manera segura y transparente.*
- **Cumplimiento legal:** *Diferentes regulaciones como el Reglamento General de Protección de Datos (GDPR) en Europa y la Ley de Privacidad del Consumidor de California (CCPA) establecen estrictas normativas sobre cómo las empresas deben manejar la información de los usuarios.*
- **Minimización de riesgos:** *El uso irresponsable de datos puede generar problemas legales, sanciones económicas y daños a la reputación de la empresa.*

La privacidad es clave para reducir vulnerabilidades y evitar filtraciones de información sensible.

Protección de Datos

- **Principios básicos de la protección de datos:**

- o **Transparencia:** *Informar claramente a los usuarios sobre el uso de sus datos.*
- o **Seguridad:** *Implementar medidas de encriptación y control de acceso.*
- o **Minimización de datos:** *Recopilar solo la información estrictamente necesaria.*
- o **Responsabilidad:** *Garantizar que los datos sean gestionados con ética y conforme a las leyes vigentes.*

- **Buenas prácticas en la protección de datos:**
  - o **Anonimización y cifrado:** *Técnicas clave para proteger la identidad de los usuarios en bases de datos.*
  - o **Control de acceso:** *Definir niveles de acceso para restringir el manejo de información sensible.*
  - o **Capacitación en seguridad:** *Asegurar que los empleados comprendan los riesgos y las mejores prácticas de protección de datos.*
  - o **Auditorías y monitoreo:** *Revisar periódicamente el cumplimiento de las políticas de privacidad y seguridad.*

Ejemplo de Caso: Escándalo de Cambridge Analytica

Un caso emblemático sobre la importancia de la privacidad en la era digital es el escándalo de Cambridge Analytica en 2018. Esta empresa utilizó datos personales de millones de usuarios de Facebook sin su consentimiento para influir en campañas políticas. Las consecuencias incluyeron multas millonarias, pérdida de confianza en Facebook y un debate global sobre la privacidad en redes sociales y el uso de IA en la segmentación de audiencias.

- **Lecciones aprendidas:**
  - o *La importancia del consentimiento informado en la recopilación de datos.*
  - o *La necesidad de regulaciones más estrictas para evitar el uso indebido de información personal.*
  - o *El impacto de la mala gestión de datos en la reputación y credibilidad de una empresa.*

El manejo ético y legal de los datos en la inteligencia artificial no es opcional, sino una necesidad para garantizar el cumplimiento normativo y la confianza de los usuarios. Proteger la privacidad y adoptar medidas de seguridad robustas no solo minimiza riesgos, sino que también fortalece la relación entre la empresa y sus clientes.

En la siguiente sección, se explorarán los desafíos éticos asociados con la toma de decisiones automatizadas y cómo garantizar un uso responsable de la IA en el entorno laboral y comercial.

6.2 Toma de Decisiones Responsable

El uso de la inteligencia artificial en la toma de decisiones puede traer beneficios significativos, pero también plantea desafíos éticos. Para garantizar un uso responsable de la IA en los negocios, se deben considerar tres factores fundamentales: la transparencia en los procesos, la eliminación de sesgos en los algoritmos y la responsabilidad humana en la supervisión de la tecnología.

Transparencia en la IA

- **Explicabilidad:** *Los sistemas de IA deben ser comprensibles y explicables para los usuarios. Es fundamental que las organizaciones puedan justificar cómo la IA llega a ciertas conclusiones.*
- **Registro y monitoreo:** *Implementar auditorías periódicas y registros de decisiones tomadas por la IA para detectar errores y asegurar la confiabilidad del sistema.*
- **Comunicación clara:** *Informar a clientes y empleados cuando están interactuando con sistemas automatizados y proporcionar mecanismos de verificación y apelación en caso de errores.*

Evitar Sesgos en la IA

- **Fuentes de datos diversas:** *Los sesgos en la IA suelen originarse en datos de entrenamiento que no representan*

adecuadamente la realidad. Es esencial garantizar que los datos utilizados sean diversos y equilibrados.
- **Revisión y ajuste de algoritmos:** *Realizar pruebas constantes para identificar y corregir sesgos en los modelos de IA. Se recomienda el uso de herramientas de auditoría de sesgo algorítmico.*
- **Supervisión humana:** *No depender exclusivamente de la IA para la toma de decisiones críticas. La combinación de juicio humano e IA mejora la equidad y minimiza errores.*

Responsabilidad Humana

- **Supervisión activa:** *La IA no debe reemplazar la toma de decisiones humana en situaciones críticas. Debe ser utilizada como una herramienta complementaria para mejorar la precisión y eficiencia en los procesos.*
- **Definir límites éticos:** *Establecer principios y reglas claras sobre qué decisiones puede tomar la IA y cuáles requieren intervención humana.*
- **Mecanismos de corrección:** *Desarrollar protocolos para detectar errores y corregir posibles fallos en los modelos de IA antes de que causen daños significativos.*

La toma de decisiones responsable en IA requiere un enfoque basado en la transparencia, la mitigación de sesgos y la supervisión humana. A medida que las empresas adoptan la IA en sus operaciones, deben asegurarse de que sus sistemas sean justos, explicables y alineados con los valores éticos.

En la siguiente sección, se abordarán consideraciones adicionales sobre la ética de la IA en el lugar de trabajo y cómo fomentar un entorno donde la inteligencia artificial sea utilizada de manera justa y equitativa.

Imagen 6.2: *Imagen creada por IA para para representar la toma de decisiones responsable.*

6.3 La Ética de la Inteligencia Artificial en el Lugar de Trabajo

El impacto de la inteligencia artificial en el entorno laboral ha generado oportunidades y desafíos que requieren una consideración ética cuidadosa. Es fundamental que las empresas establezcan principios claros para el uso responsable de la IA y promuevan una cultura organizacional basada en la equidad y el respeto.

Principios Éticos

- **Justicia e inclusión:** *La IA debe ser utilizada de manera equitativa para evitar discriminación o desigualdades en el lugar de trabajo.*
- **Privacidad y seguridad:** *Proteger la información personal de los empleados y garantizar la transparencia en la recopilación de datos.*
- **Autonomía y supervisión humana:** *La IA debe servir como herramienta de apoyo y no reemplazar el juicio humano en decisiones críticas.*

Implicaciones Laborales

- **Automatización de tareas:** *Si bien la IA puede aumentar la eficiencia, también puede afectar ciertos empleos. Es fundamental planificar estrategias de reentrenamiento para los trabajadores.*
- **Colaboración humano-IA:** *En lugar de reemplazar empleos, la IA puede mejorar la productividad al asumir tareas repetitivas y permitir que los empleados se concentren en actividades estratégicas.*
- **Evaluación justa del desempeño:** *La IA utilizada en procesos de contratación o evaluación de empleados debe ser transparente y libre de sesgos.*

Cultura Organizacional

- **Formación y capacitación:** *Capacitar a los empleados en el uso responsable de la IA para fomentar su integración en la cultura empresarial.*
- **Ética en la toma de decisiones:** *Establecer políticas claras sobre cómo se debe utilizar la IA en la empresa para garantizar un entorno justo y equitativo.*
- **Supervisión y auditoría:** *Implementar revisiones periódicas para asegurar que la IA se use de manera ética y responsable.*

La ética en la inteligencia artificial aplicada al entorno laboral es un tema clave que debe abordarse con responsabilidad. Adoptar principios éticos sólidos, considerar las implicaciones laborales y promover una cultura organizacional que valore el uso responsable de la IA permitirá que las empresas maximicen los beneficios tecnológicos sin comprometer la equidad ni la dignidad humana.

6.4 Resumen de las Consideraciones Éticas y Legales

La inteligencia artificial está transformando el mundo laboral y empresarial, pero su implementación conlleva responsabilidades éticas y legales que no pueden ser ignoradas. En este capítulo, se han abordado aspectos clave como la privacidad y protección de datos, la toma de decisiones responsable y la ética de la IA en el lugar de trabajo.

Se analizó cómo la IA puede influir en la recopilación y el uso de datos personales, destacando la importancia de cumplir con normativas como el GDPR y el CCPA, así como la necesidad de adoptar medidas de seguridad y transparencia para garantizar la protección de la información.

Además, se discutieron estrategias para garantizar una toma de decisiones ética con IA, evitando sesgos en los algoritmos y asegurando la supervisión humana en procesos críticos. También se abordó el impacto de la IA en el lugar de trabajo, explorando principios éticos, implicaciones laborales y la importancia de fomentar una cultura organizacional responsable.

Los casos de estudio, como el escándalo de Cambridge Analytica, demostraron las consecuencias de una gestión irresponsable de datos y la necesidad de regulaciones más estrictas para proteger a los usuarios.

En conclusión, la ética y la legalidad son elementos fundamentales para el desarrollo y uso de la IA. Las empresas que integren estos principios en su estrategia de adopción tecnológica no solo evitarán riesgos legales y reputacionales, sino que también generarán confianza entre sus clientes y empleados. La inteligencia artificial es una herramienta poderosa, pero su uso debe estar alineado con principios éticos y regulaciones. ¡Asegúrate de implementarla de manera responsable!

Evalúa la gestión de datos en tu empresa. *¿Se están recopilando y protegiendo de manera segura? ¿Cumplen con las normativas de privacidad?*

Capacita a tu equipo en ética y uso responsable de IA. *Asegúrate de que comprendan los riesgos y beneficios de esta tecnología.*

Evita sesgos en tus modelos de IA. *Usa datos diversos y revisa constantemente los algoritmos para garantizar decisiones justas.*

Implementa IA con transparencia. *Asegúrate de que los empleados y clientes comprendan cómo funciona y cómo afecta sus interacciones.*

Supervisa y ajusta continuamente. *La IA es dinámica; su efectividad y ética deben ser evaluadas regularmente.*

En el siguiente capítulo, se analizarán los desafíos y oportunidades futuras de la Inteligencia Artificial.

Las empresas que integren la ética y la legalidad en su estrategia de IA estarán mejor posicionadas para el éxito a largo plazo. No dejes que la falta de regulación interna limite el potencial de la inteligencia artificial en tu negocio.

¡Es el momento de actuar!

CAPÍTULO VII

FUTURO DE LA INTELIGENCIA ARTIFICIAL Y OPORTUNIDADES

Capítulo VII
Futuro de la Inteligencia Artificial y Oportunidades

La Inteligencia Artificial está evolucionando a un ritmo acelerado, redefiniendo la manera en que operan las empresas y la sociedad en su conjunto. A medida que avanzamos en la era digital, nuevas tendencias y aplicaciones de IA están emergiendo, creando oportunidades sin precedentes para la automatización, la personalización y la optimización de procesos en diversas industrias.

En este capítulo, exploraremos qué esperar en los próximos años, también revisaremos estrategias para prepararse ante estos cambios y cómo las organizaciones pueden aprovechar la IA de manera estratégica para mantenerse competitivas en un entorno en constante evolución.

El futuro de la IA no es una cuestión de posibilidad, sino de preparación. Aquellos que comprendan sus avances y adopten sus herramientas con visión estratégica estarán mejor posicionados para aprovechar las ventajas de esta revolución tecnológica.

Imagen 7.1: *Imagen creada por IA para para representar el futuro de la Inteligencia Artificial y sus oportunidades*

7.1 Qué Esperar en los Próximos 5-10 Años en Términos de la Inteligencia Artificial

El avance de la inteligencia artificial está acelerando la transformación digital en todos los sectores. En los próximos 5 a 10 años, se espera que la IA evolucione en términos de capacidades, accesibilidad y regulación. A continuación, se exploran algunas de las principales tendencias y oportunidades que marcarán el futuro de esta tecnología.

Proyecciones Generales

- **Mayor autonomía y precisión:** *Los modelos de IA serán más eficientes, con una menor dependencia de la supervisión humana. Algoritmos avanzados permitirán una toma de decisiones más precisa en áreas como la medicina, la industria y el comercio.*
- **Integración con la computación cuántica:** *La combinación de IA y computación cuántica permitirá resolver problemas complejos a velocidades inalcanzables con la tecnología actual, revolucionando la investigación científica y el análisis de datos.*
- **IA explicable y ética:** *A medida que la IA se adopte en más sectores, habrá un enfoque creciente en la transparencia de los algoritmos, asegurando que las decisiones automatizadas sean comprensibles y libres de sesgos.*
- **Automatización avanzada:** *La IA impulsará la automatización de tareas cada vez más sofisticadas, desde la conducción autónoma hasta la gestión inteligente de infraestructuras y ciudades.*

Impacto Socioeconómico

- **Transformación del empleo:** *Aunque la IA sustituirá ciertas tareas repetitivas y operativas, también creará nuevos roles laborales enfocados en la supervisión de IA, la optimización de modelos y la gestión de datos.*
- **Aumento de la productividad:** *Empresas de todos los tamaños podrán aprovechar la IA para optimizar sus operaciones, mejorar la atención al cliente y reducir costos.*

- **Brecha digital y acceso a la IA:** *Habrá un enfoque en democratizar el acceso a la IA, con iniciativas que permitan a las pequeñas y medianas empresas (PYMEs) aprovechar su potencial sin necesidad de grandes inversiones.*
- **Regulación y normativas:** *Se espera una mayor regulación en el uso de la IA para evitar riesgos éticos y garantizar su uso responsable. Legislaciones como la Ley de IA de la Unión Europea marcarán precedentes en el control del desarrollo y aplicación de esta tecnología.*

Evolución de la IA Generativa

- **Creatividad impulsada por IA:** *La IA generativa será cada vez más capaz de producir contenido original en múltiples formatos, desde textos y videos hasta música y arte, permitiendo a los profesionales y empresas innovar en la creación de productos y servicios.*
- **Interacción más natural con la IA:** *Los asistentes virtuales y chatbots evolucionarán para comprender el lenguaje humano con mayor profundidad, ofreciendo respuestas más precisas y contextualmente relevantes.*
- **Aplicaciones en personalización y marketing:** *La IA generativa permitirá diseñar campañas de marketing hiperpersonalizadas, ajustadas a los intereses y comportamientos de los consumidores en tiempo real.*
- **Desarrollo de software autónomo:** *Se espera que la IA sea capaz de escribir y optimizar código de manera más eficiente, reduciendo la carga de trabajo de los programadores y acelerando el desarrollo tecnológico en distintas industrias.*

El futuro de la IA traerá consigo avances significativos en autonomía, accesibilidad y eficiencia. Sin embargo, estos cambios también implicarán desafíos relacionados con la regulación, el impacto en el empleo y la necesidad de asegurar un uso responsable de la tecnología. Las organizaciones y profesionales que comprendan estas tendencias y se adapten a ellas estarán mejor posicionados para aprovechar las oportunidades que la IA generará en la próxima década.

En la siguiente sección, exploraremos las tendencias emergentes en IA y cómo prepararse para aprovecharlas al máximo.

Imagen 7.2: *Imagen creada por IA para para representar las tendencias emergentes de la Inteligencia Artificial.*

7.2 Tendencias Emergentes y Cómo Estar Preparado

El futuro de la IA se caracterizará por avances tecnológicos rápidos y una integración aún mayor en la vida cotidiana y el mundo empresarial. A continuación, se destacan las principales tendencias emergentes y estrategias clave para estar preparado.

Tendencias Clave

- **IA multimodal:** *Se desarrollarán modelos de IA capaces de procesar múltiples tipos de datos (texto, imágenes, audio y video) simultáneamente, mejorando la interacción y la personalización en diversas industrias.*
- **Hiperautomatización:** *La combinación de IA con automatización robótica de procesos (RPA) permitirá la optimización de flujos de trabajo en todos los sectores, reduciendo costos y tiempos operativos.*
- **IA en el Edge Computing:** *Se espera un aumento en la implementación de modelos de IA en dispositivos locales (teléfonos, cámaras inteligentes, sensores IoT), reduciendo la*

dependencia de servidores en la nube y mejorando la velocidad de respuesta.
- **IA en la Ciberseguridad:** *Se incrementará el uso de IA para detectar y prevenir ataques informáticos en tiempo real, fortaleciendo la seguridad digital en empresas y gobiernos.*
- **Colaboración Humano-IA:** *En lugar de reemplazar empleos, la IA trabajará en conjunto con las personas para mejorar la eficiencia en áreas como atención al cliente, educación, salud y manufactura.*

Preparación para el Futuro

- **Aprendizaje continuo:** *Es fundamental que empresas y profesionales inviertan en la capacitación en IA y en la adquisición de habilidades digitales para mantenerse competitivos.*
- **Implementación gradual:** *Las empresas deben adoptar IA de manera progresiva, probando soluciones en áreas específicas antes de escalarlas a toda la organización.*
- **Ética y regulación:** *Las organizaciones deben mantenerse actualizadas sobre las normativas de IA y aplicar principios éticos en su implementación para evitar riesgos y sanciones.*
- **Inversión en IA accesible:** *Optar por herramientas de IA de bajo umbral técnico permitirá que más empresas y profesionales aprovechen sus beneficios sin requerir una infraestructura compleja.*
- **Adaptabilidad al cambio:** *Las empresas deben desarrollar estrategias flexibles para integrar la IA en sus modelos de negocio, permitiendo ajustes rápidos conforme evolucionen las tecnologías.*

Las tendencias emergentes en IA presentan grandes oportunidades para la innovación y el crecimiento en diversas industrias. La clave para aprovechar estos avances es mantenerse informado, capacitado y preparado para la integración progresiva de estas tecnologías.

En la siguiente sección, exploraremos herramientas avanzadas de IA y cómo pueden ser aprovechadas en el futuro cercano para mejorar la competitividad y la eficiencia empresarial.

7.3 Herramientas Avanzadas que Podrían Ser Útiles en el Futuro Cercano

La evolución de la IA traerá consigo herramientas innovadoras que permitirán optimizar procesos y mejorar la competitividad en diferentes sectores. A continuación, se presentan algunas herramientas avanzadas y criterios para evaluar su adopción.

Ejemplos de Herramientas Avanzadas

- **Modelos de IA con capacidades de autoaprendizaje:** *Herramientas como AutoML de Google permitirán la automatización del desarrollo de modelos de aprendizaje automático sin necesidad de intervención humana.*
- **Asistentes de IA avanzados:** *Sistemas como ChatGPT-5 y Copilot de Microsoft ofrecerán capacidades mejoradas para la generación de contenido, programación y asistencia en la toma de decisiones.*
- **Plataformas de IA explicable (XAI):** *Nuevas herramientas como IBM Watson OpenScale permitirán analizar cómo toman decisiones los modelos de IA, asegurando mayor transparencia y confiabilidad.*
- **IA en robótica y automatización industrial:** *Empresas como Boston Dynamics y Tesla avanzan en la creación de robots con IA capaces de realizar tareas en entornos complejos.*
- **Integración de IA con blockchain:** *La combinación de IA con blockchain permitirá mejorar la seguridad y trazabilidad de datos en sectores como finanzas y logística.*

Cómo Evaluar Herramientas Futuras

- **Utilidad y aplicabilidad:** *La herramienta debe alinearse con las necesidades específicas del negocio y resolver problemas reales.*
- **Facilidad de implementación:** *Optar por soluciones con interfaces intuitivas y documentación accesible para facilitar su integración.*

- **Costos y retorno de inversión:** *Evaluar el costo total de implementación y mantenimiento, asegurando que la herramienta genere beneficios tangibles.*
- **Seguridad y cumplimiento normativo:** *Asegurar que la herramienta cumpla con estándares de seguridad y regulaciones como GDPR o CCPA.*
- **Escalabilidad y compatibilidad:** *La solución debe permitir la expansión y ser compatible con otros sistemas utilizados en la empresa.*

Las herramientas avanzadas de IA serán clave para el crecimiento empresarial y la innovación en el futuro cercano. Evaluar su aplicabilidad, seguridad y escalabilidad será esencial para aprovechar al máximo sus beneficios.

7.4 Resumen del Futuro de la Inteligencia Artificial y Oportunidades

El futuro de la inteligencia artificial se presenta como un escenario de innovación constante, donde las organizaciones deberán adaptarse para aprovechar al máximo las oportunidades que esta tecnología ofrece. En este capítulo, hemos explorado las tendencias clave que marcarán el desarrollo de la IA en los próximos años, destacando avances como la IA multimodal, la hiperautomatización y la integración con Edge Computing.

También abordamos el impacto socioeconómico de la IA, identificando cómo transformará el empleo, aumentará la productividad y generará nuevos modelos de negocio. Se discutió la evolución de la IA generativa, con aplicaciones en la personalización del marketing, el desarrollo de contenido y la automatización de procesos creativos.

Asimismo, revisamos herramientas avanzadas que podrían ser fundamentales en el futuro cercano, incluyendo modelos de autoaprendizaje, plataformas de IA explicable (XAI) y la combinación de IA con blockchain para mayor seguridad en datos. Para garantizar una adopción exitosa, también discutimos estrategias para evaluar nuevas tecnologías con base en su aplicabilidad, facilidad de implementación y retorno de inversión.

En conclusión, la inteligencia artificial está evolucionando a un ritmo acelerado, y su impacto se extenderá a todos los sectores de la sociedad. Estar preparados, capacitarse constantemente y adoptar IA con una visión estratégica será clave para mantenerse competitivo en esta nueva era digital.

¡El futuro de la inteligencia artificial ya está aquí! No te quedes atrás.

Evalúa las tendencias de IA en tu sector. *¿Cuáles pueden generar un impacto positivo en tu negocio o profesión?*

Capacítate y mantente actualizado. *El conocimiento en IA será una de las habilidades más demandadas en los próximos años.*

Explora nuevas herramientas. *Prueba soluciones innovadoras y evalúa cómo pueden mejorar la eficiencia de tus procesos.*

Asegura una adopción ética. *La IA debe implementarse con responsabilidad, asegurando transparencia y cumplimiento regulatorio.*

Adáptate al cambio. *La flexibilidad y la disposición a la transformación digital serán esenciales para el éxito en la era de la inteligencia artificial.*

La IA no es solo una tendencia, es una revolución.
Prepárate para liderar el cambio.

EPÍLOGO

Epílogo

A lo largo de este libro, hemos recorrido un camino integral para comprender, aplicar e integrar la inteligencia artificial en diversos entornos empresariales y profesionales. Desde los conceptos fundamentales hasta las herramientas avanzadas, pasando por los beneficios y desafíos éticos, hemos explorado cómo la IA puede transformar la forma en que trabajamos, tomamos decisiones y optimizamos procesos.

El libro se estructuró en siete secciones clave:

1. **Fundamentos Básicos de la IA:** *Iniciamos con una visión general de qué es la IA, cómo ha evolucionado y su impacto en el mundo actual. Profundizamos en los principios del aprendizaje automático, machine learning y deep learning, así como en la diferencia entre IA, automatización y robótica. Esta sección sentó las bases para comprender cómo funcionan los algoritmos y la importancia de los datos en la inteligencia artificial. También desmitificamos falsas creencias y exploramos casos de éxito en diferentes sectores.*
2. **Beneficios de la IA en los Negocios:** *Analizamos cómo la IA puede optimizar procesos, reducir costos, mejorar la eficiencia y transformar la experiencia del cliente. Además, exploramos casos de éxito en industrias como salud, educación, manufactura y comercio.*
3. **Herramientas de IA de Bajo Umbral Técnico:** *Conocimos diversas plataformas accesibles, como ChatGPT, herramientas de automatización, análisis predictivo y gestión de proyectos, que permiten a los profesionales integrar la IA en su día a día sin necesidad de conocimientos avanzados de programación.*

4. **Identificar Procesos que Pueden Ser Optimizados con IA:** *Aprendimos a mapear procesos internos, detectar cuellos de botella y aplicar estrategias para mejorar la eficiencia mediante el uso de inteligencia artificial. Se realizaron ejercicios prácticos para que los participantes analizaran oportunidades en sus propios entornos laborales.*
5. **Integración de la IA en el Negocio:** *Se abordó el proceso de implementación de IA paso a paso, desde la identificación del problema hasta la prueba piloto y la adopción escalable. También se discutieron estrategias para mitigar la resistencia al cambio en los equipos de trabajo y garantizar una implementación exitosa.*
6. **Consideraciones Éticas y Legales:** *Se exploraron los desafíos éticos de la IA, incluyendo la privacidad de datos, la toma de decisiones responsable y la necesidad de regulaciones para evitar sesgos en los algoritmos. Se hizo hincapié en la importancia de la transparencia y la responsabilidad humana en el uso de la inteligencia artificial.*
7. **Futuro de la IA y Oportunidades:** *Finalmente, discutimos las tendencias emergentes, herramientas avanzadas y cómo prepararnos para un futuro donde la inteligencia artificial jugará un papel aún más central en la sociedad y los negocios.*

La IA ya es parte del presente. *No se trata de una tecnología del futuro, sino de una herramienta que ya está transformando industrias y modelos de negocio. Adaptarse a su evolución no es opcional, sino necesario para mantenerse competitivo.*
Cualquier persona puede aprovechar la IA. *Gracias a herramientas de bajo umbral técnico, no es necesario ser un experto en programación para beneficiarse de la inteligencia artificial en el ámbito profesional y empresarial.*

La ética y la regulación son esenciales. *La IA debe implementarse con transparencia, equidad y responsabilidad, asegurando que su uso beneficie a la sociedad sin generar discriminación ni riesgos innecesarios.*

Prepararse para el futuro es clave. *Capacitarse constantemente y estar atento a las tendencias emergentes permitirá a los profesionales y empresas aprovechar al máximo las oportunidades que ofrece la inteligencia artificial.*

La IA no reemplaza a los humanos, los potencia. *En lugar de ver la IA como una amenaza, debemos entenderla como un complemento que nos ayuda a mejorar la toma de decisiones, automatizar tareas repetitivas y enfocarnos en labores estratégicas y creativas.*

La inteligencia artificial está transformando el mundo. ¿Cómo vas a aprovecharla?

- *Aplica lo aprendido. Identifica áreas en tu trabajo o negocio donde la IA pueda optimizar procesos y aumentar la eficiencia.*
- *Capacítate constantemente. La IA evoluciona rápidamente, y mantenerse actualizado marcará la diferencia en tu desarrollo profesional.*
- *Experimenta con herramientas de IA. Explora plataformas de automatización, asistentes virtuales y análisis de datos para mejorar tu productividad.*
- *Comparte el conocimiento. Lleva lo aprendido a tu equipo de trabajo y promueve la adopción de IA en tu entorno profesional.*
- *Sé parte del cambio. La IA no es solo una tendencia, es una revolución tecnológica. Quienes se adapten primero tendrán una ventaja competitiva en el mercado.*

¡Este libro es solo el inicio, es momento de poner en práctica el conocimiento adquirido y liderar la transformación digital con Inteligencia Artificial!

Daniel T.

Impulsando el Cambio con IA: Conoce al autor

Daniel Torrealba *es un experto en transformación digital, inteligencia artificial y ciberseguridad, con sólida experiencia en servicios cloud y seguridad perimetral. Destacado por liderar proyectos innovadores que integran tecnologías de vanguardia en soluciones empresariales, asegurando escalabilidad, disponibilidad y cumplimiento de estándares de seguridad.*

Con años de experiencia en consultoría estratégica para empresas, ha ayudado a profesionales y organizaciones a adoptar tecnologías emergentes para optimizar su productividad y crecimiento. Su pasión por la educación y la innovación lo ha llevado a impartir cursos y capacitaciones sobre IA aplicada a los negocios y ciberseguridad.

A través de su contenido en redes y su canal de YouTube Hack Defense, Daniel busca acercar la tecnología a todo tipo de profesionales, brindando herramientas prácticas para aprovechar la inteligencia artificial y concientizarse en los riesgos en seguridad digital sin necesidad de conocimientos avanzados en informática.

Síguelo en sus redes sociales para más información sobre IA, ciberseguridad y tecnología.

youtube.com/@Hack.Defense

instagram.com/Hack.Defense

tiktok.com/@Hack.Defense

IA PARA TODOS